子どもの頭を良くする勉強法

14歳までに教えるべき「生きる術」

伊藤 真
Ito Makoto

ベスト新書
477

はじめに

勉強とは、学校や塾で教えてもらうだけのものではありません。

もちろん、塾では受験突破のためのテクニックやノウハウを教授してもらえますし、学校では学問の基礎知識を身につけるトレーニングをしてくれます。

しかし、それらは決して勉強の本質とはいえません。

勉強の本質は別のところにあり、学校や塾で学ぶものはそれを補填《ほてん》していくための一要素に過ぎない。土壌がしっかりしていなければ、その上にどれだけ多くの知識を積み上げていっても意味はなく、小手先のテクニックで身につけたものは、ふとした瞬間に崩れてしまう砂上の楼閣《ろうかく》のようにもろいのです。

では、勉強の本質とはいったい何なのでしょうか？

それは、善《よ》く生きるための「考える力」をつけること——これ以外の何物でもありません。

思考する能力を身につけ、そのうえでさまざまな知識やテクニック、ノウハウを吸収していき、その吸収したものによってさらに思考する能力を強化していくこと。それは、社会に貢献《こうけん》して自分が幸せな人生を送るための力なのです。

　これこそが勉強の本質です。

「考える力」は、「頭の良さ」を支える大きな柱であり、かつ、人生を生きていくうえで最も必要な「生きる術《すべ》」ともいえます。

私は司法試験受験指導塾「伊藤塾」で塾長を務めていますが、そこで教えているのは試験突破のための小手先のテクニックではありません。合格後を考え、そのために今何ができるかを塾生たちが考えるためのサポートを行っているのです。

　考える力さえあれば、たとえ足りない知識であっても、それを補完《ほかん》する別のものを自分で見つけ出すことができる。

　考える力さえあれば、必要なものを見極めて、もっとも効率的なアプローチを自分で創出することができる。

　考える力さえあれば、どんな状況に陥《おちい》ってもそれをリカバリーする方法を見いだし、自分で新たな道を切り拓《ひら》いていくことができる。

　そして、考える力さえあれば、社会に貢献することで幸せを感じられるような「善く生きる」方法も見つけることができるのです。

――人生におけるすべての礎《いしずえ》となり、「頭の良さ」の土台ともなるこの「考える力」こそを、子どもが14歳になるまでに必ず教えておきたい。そう思って私はこの本を執筆しました。

しかし、学校や塾でそれを子どもに教えてくれないとすれば、どこで学ばせればいいのかと疑問に思う方も多いでしょう。

その答えは家庭にあります。

勉強の本質を学ぶ場所は家庭にあり、それを教えるのは親である〝あなた〟なのです。

なかなか勉強しない子どもに感情的に怒ってしまう、間違えると強く叱責《しっせき》してしまうという方も多いと思います。あるいは子どもに「なんで勉強しなきゃいけないの？」「受験していい大学に行ってどうなるの？」と問われて言葉に詰まってしまう、「そういうお父さん／お母さんだってやってないじゃん！」と図星をつかれて自信がなくなってしまうという親御さんもいるのではないでしょうか。

これでいいのかと悩み、叱《しか》ったあとに自己嫌悪《じこけんお》に陥るケースも往々にしてあると思いますが、その悪循環に陥っているのはあなただけではありません。ほとんどの親御さんが同じ不安や悩みを抱えているのです。

本書は、「子どもの頭を良くする勉強法」の鉄則を指南するとともに、子どもに勉強を教える際に親御さんたちが抱えている不安や悩みを解消するヒントを数多く提案いたしました。

これによって、親サイドがあらためて「勉強」について捉《とら》えなおし、子どもと一緒に「勉強」を楽しむ術を身につけてほしい。親御さん自身のさらなる成長のためのツールとして大いに役立ててほしい。そういった願いも込められています。

なお、本書の中に子どもに対して「おまえ」と呼びかけている箇所があります。違和感を持たれる方もいるかと思います。ここはぜひ、お子さんの名前を入れて読み替えてみてください。

また、世の中には母子家庭も年々増えていますし、親と暮らせない子どももいます。そんな中でつい父親目線になってしまっていて不十分なところもあるかと思いますが、ご容赦《ようしゃ》ください。


さて、このツールを使って考えて実行するのはあなたです。

あなたの小さな行動によって、お子さんは人生で最強の武器となる「考える力」を身につけることができます。そして、将来自分の人生を主体的にデザインし、幸せに生きていくことができるに違いないと私は信じています。

2015年6月

伊藤 真

目次

社会的に成功した親の教育がうまくいかない理由／「人生の成功者」の定義とは／まず親が素直になって子どもに伝えるべきこと／あらゆる仕事は「他者の幸福」につながっている／「学力の高さ」は「個人の幸せや成功」と関係があるのか？

第3章　家庭でできる「子どもの頭を良くする習慣術」……43

親は子どもの学習のサポート役／頭の良い生徒に見られる共通点／素直で頭の良い生徒の弱点とは／子どもの「知的好奇心」を高める方法／「考える」という習慣づけ／子どもの興味を阻害してはならない／好きなことに熱中する時間をつくってあげる／子どもの興味を「達成感」に変えるコツ／おもちゃの与え方で決まる「数学のセンス」／物事の共通点と相違点を見つけさせよう／「なぜ？　なぜ？」と聞く子は頭が良い／親は子どもの好奇心ととことんつき合おう／「テレビを見ながら学ぶ」最強勉強術／「ニュース番組」は学びの宝庫／「料理」は科学や歴史を教えるチャンス／「自立」と「自律」を学ばせる日記術／鬼コーチになる親は失格／子どもに伝えたい「時間の有限性」／生活の中でもデッドラインを決める習慣を！／逆境に強い子に育てる秘

訣／頭の良い子に育つ睡眠習慣／習い事を詰め込みすぎない／子どもに優先順位をつけさせよう／自分で作ったルールは自分で守らせる／子どもがＳＮＳに関わるときに親が注意すべきこと／お手伝いをさせる習慣術

構成　伊藤秋廣
須田奈津妃

第1章　なぜ子どもの頭を良くしたいのか？

そもそも「頭の良さ」とは何か？

なぜ親は自分の子どもを「頭の良い子」に育てたいと思うのでしょうか。

そもそも、「頭が良い」とはどういうことなのでしょうか。

これまで、いわゆる偏差値教育と呼ばれる、中学、高校、大学受験のための勉強というカリキュラムの中では、「成績の良し悪し」が「頭の良し悪し」のひとつの基準となってきました。しかし「成績が良い」＝「頭が良い」になるかといえば、そんなことはありません。

成績という基準がある一方で、皆さんが「頭が良い人」と聞いて思い浮かべるのはどんな人ですか。東大出身の官僚、弁護士、医師、学者、あるいは大成功した経営者？人によっては、世界を舞台に活躍する一流アスリートや、「頭のいい芸能人」としてテレビ番組に出演する高学歴タレントを思い浮かべるかもしれません。

いずれにせよ、多くの人が考える「頭の良い人」は、単に「勉強ができる、できない」という範疇《はんちゅう》を超えて「人生で成功する」ための資質や条件を備えている人であるようです。

冒頭で投げかけた質問の答えが、まさにここにあります。

つまり、親が自分の子どもを「頭の良い子」に育てたいと願う理由は、子どもに人生で成功を収《おさ》めて幸せになってほしいからなのですね。勉強ができても、幸せになれなければ意味がありません。

「頭が良い人」というのは、「自分の幸せというものを自分でつくり出していくことができる」力を持っている人のこと。誰かから押し付けられることなく、まさに自分自身の人生を自分で主体的にデザインしていく能力を身につけている人のことをいうのです。

自分の人生をデザインするためには、いわゆる勉強という意味の学力だけではなく、コミュニケーション力も必要になってきます。どんなに優れた考えや力を自分の内に持っていたとしても、外に表現できなければ意味がありませんし、人に伝える力も非常に重要な能力です。

また、生活のリズムを把握し自分に合った生活を送るためには、健康や時間を管理する能力も必要になってくるでしょう。

これらを含めた、幸せに生きるために必要なさまざまな能力の集合体こそが、「幸せに生きる力」であり、誰もが認める「頭の良さ」といえるのではないでしょうか。

主体的に幸せに生きる力とは

子どもが自分の頭で自分の幸せを考えられるようになるには、やはり一定の前提《ぜんてい》が必要になります。総合的な生きる力を身につけるまでには、ある程度、親が導いてあげなければなりません。

社会のことを何も知らなかったら、何に対して自分が幸せを感じるのかにすら気付くことができないでしょう。広い世界に目を向けることなく、自分の可能性に気付かなければ、何をもって幸せだと感じるのか、その選択の幅が狭くなってしまう。だからこそ、子どもが自分の「幸せ」を、自分自身で定義できるようになるまでは、親がその選択の幅や可能性を広げてあげることが重要になってくるのです。

当然のことながら、「幸せ」の定義は人それぞれに違いますよね。子どもと親も違うし、男親と女親の間でも差異はあります。子どもが選択の幅や可能性を広げている段階において、親が自分の幸せ観を押し付けてはいけません。

そもそも、この子にとって何が幸せなのか。その答えは子ども自身が自分で考え、獲得しなくてはいけない。

ただしその前に、まずは親が子どもをしっかりナビゲートできるように、その子にとっての幸せについて突き詰めて考えておく必要があります。

ご夫婦で話し合って、紙に書き出してみるのもいいでしょう。そのときに、「東京大学に現役合格」とか「大企業に就職」くらいしか書けないとしたら少し寂しい話ですよね。

今の時代、東大に入学したからといって幸せになれる人間が何人いますか。大企業に就職して、幸せな一生を終えることができる人間がどのくらいいるのでしょうか。

親が持つ「幸せ観」は本当に正しいのか?

ビジネスパーソンにはどうしても、学歴や地位、年収によって自分の成功とその先にある「幸せ」を測ろうとする傾向があります。

地位や収入はわかりやすい物差しではありますし、経済的な要素は確かに重要ではあります。しかし今さら言うまでもなく、それが幸せの全てというわけではありませんよね。そのような考え方に縛《しば》られ、たったひとつの物差しだけを基準に考え行動していれば、時代の激しい変化に飲まれ、すぐに行き詰まってしまうおそれがあります。

例えば、大手企業に勤めていて、ある一定の収入を得ている人がいたとします。ところが50歳になった頃に企業の収益が急に落ち込み、収入が減ってしまったとしたらどうでしょう？　この状況は、収入こそ幸せの指針だと思う人にとっては不幸そのものです。

あるいは、会社の肩書で仕事をしていたにもかかわらず、突然、会社から放り出されたとしたらどうでしょう？　地位や肩書が一切なくなり、厳しい選択を強いられたときに、人はどう生き、どう幸せを獲得していくのでしょうか？

ある人は、会社の先行きを危惧《きぐ》し、中小企業に転職するという選択肢をとるかもしれません。名もない会社で肩書もなく、年収が現在の半分以下になってしまうケースも出てくるでしょうし、それは一見、不幸なことだと感じられるかもしれません。

しかし、その中小企業には定年がなく、長く働くことができ、さらに自分の力量が正当に評価されて〝やりがい〟を感じられるとしたらどうでしょうか。また、大手企業に勤めていたときよりも時間的な余裕ができて、家族と過ごせるゆったりとした時間が生まれるとしたら……。

もちろん、その選択がベストだと言っているわけではありません。しかし、別な物差しで測ってみれば、50歳で退職して収入が半分になったり、10分の1になってしまったとしても、不幸せになるとはいえないことがわかるのではないでしょうか。それどころか実はそのほうがよほど幸せな人生を送れるかもしれないのです。

このように、ひとつの物差しに拘泥《こうでい》した「幸せ観」が行き詰まったときに、他の可能性を拓《ひら》いてくれるのが、「頭の良さ」のひとつの要素である「全体を見渡す力」や「一歩先を考える力」なのです。大局観《たいきょくかん》を持って判断する力ともいえるでしょう。

子どもの幸せを考える前に、親がこのような形で自分の「幸せ観」や、それを支えるものの見方を棚卸《たなおろ》しし、見つめ直してみることは重要です。

それをすることなく、会社の役職や年収という物差しだけで測った「幸せ観」を子どもに押し付けてしまうと、「年収のいい仕事に就《つ》くための〝頭の良さ〟を身につけましょう」などという短絡《たんらく》的な見方で子どもを縛《しば》ることになります。

人生デザインが必要なのは、子どもに限ったことではありません。

大人にだって、第2、第3の人生があるのです。これだけ時代の変化が激しいのですから、次々に生まれてくる新しい価値観の中で、常に自分の人生のデザインを最新のバージョンに更新しておく必要があると私は思っています。

「頭の良さ」の条件は時代とともに変わる

かつて日本の高度成長の中では、工場で働く優秀な人材や、企業の中で言われたとおりに仕事をこなすビジネスマンが求められていました。

当時は戦後の復興《ふっこう》を引っ張っていくために、官僚や財界などごく一部のエリートといわれる人たちがこの国のビジョンをつくり、民間企業がその目的達成に向かって突っ走っていた時代でした。そのような環境下だからこそ、企業は、言われたことを素直に、かつ正確にこなせる人材を優秀な社員として求めたのです。

必然的に、大学が育成する人材も企業のニーズに合わせたものとなっていきます。大学は入学試験による振り分けを行い、さらには高校でも同様のことが行われ、「入学試験の成績がいい人」や「偏差値が高い人」＝「優秀な人」という図式が出来上がりました。

この仕組みが日本経済の成長を支えてきたのも事実ですし、成長のために必要な時期であったのも確かです。

ところが、国民所得も上がり、経済的豊かさが当たり前になると同時に、社会には多様化という激しい変化がもたらされました。

それまでのように、「誰かが言ったことに従っていればいい」「言うとおりにしておけば終身雇用が約束されている」と楽観視できる時代は終わり、自分自身の頭で考え、判断することが必要となったのです。

つまり、決まったことをコツコツやるだけではなく、クリエイティブな創造力や発想力、また、壁にぶち当たったときにブレークスルーする力が求められるようになったというわけです。

学歴はこれからも重視されるのか？

ヨーロッパにおける教育ではもともと、異質の集団の中で活躍できる能力がとても重要だと考えられてきました。そのことを踏まえ、多様性理解を意識した教育カリキュラムなども十分に用意されています。

こうした考えは、日本ではあまり重視されてこなかったものではないでしょうか。しかしこれまでの教育では対応できない問題点が次々に表出している現在では、最も必要な教育のひとつとも考えられています。

それは、世界の産業構造などの変化により、国内の経済のみを考え、日本人だけを対象にしていればいい時代が終わったということ。そして、さまざまな宗教、生活スタイル、社会基盤を背景とした多様性を理解できる人材が求められているということに大きく関わっているからです。

とはいえ現実には、学歴を重視する大企業の数は相変わらず少なくありません。就職活動の際、出身大学によってはエントリーすらできないという企業は依然として存在しています。

なぜかと言うと、雇用する側の採用担当者の物差しが時代の変化に追い付いていないからなのでしょう。学歴というわかりやすい物差しに頼ってしまうのは、東大卒をはじめ厳しい入学試験をくぐり抜け、成績を残してきた学生のほうが優秀だという前例があったからなのかもしれません。

しかし、多様性が求められる時代の大きな波の中では、学歴を判断基準にした採用がいつまで続くのかもわからないのです。今はそうだとしても、5年後、10年後も同じ基準をとっていると誰が断言できるでしょうか。

また、大企業への就職が安泰《あんたい》という神話も今では幻想になりました。中小規模でも世界的に評価を受けている企業はたくさんありますし、もちろん、ベンチャー企業を立ち上げるという選択肢もあります。フリーランスで仕事をするということもあるでしょう。社会の構造とともに、仕事の形態も大きく多様化しているのです。

だからこそ、今、求められるのは「多様性に対応できる力」や「変化に対応できる力」なのです。つまり、一歩先を考えて自分の人生を主体的にデザインしていく「頭の良さ」。これを獲得できる勉強法が、今まさに必要になっているということを理解してほしいと思います。

「近視眼的な勉強法」ではもはや通用しない

先ほど述べたとおり、現代は多様性に富んだ、変化の激しい時代です。

そこで今本当に求められている「頭の良さ」、これを獲得するための勉強法とは何でしょうか。これからの時代を子どもたちが生き抜くために必要な勉強法とは一体どういったものなのでしょうか。

その前に、これまで主流とされてきた勉強法について触れておきたいと思います。

まず、何を目的にして勉強をしてきたか、皆さんの過去を振り返ってみてください。中学、高校、大学の入試のための勉強だったという方が多いのではないでしょうか。

入試を踏まえた勉強法に欠けているのは、人生全体をフルレンジで見るという視点です。さらに社会全体を見る、一歩先を考えるといった大きな視点がそこにはありません。数年後、数カ月後に控《ひか》えた受験に焦点《しょうてん》を定めてしまっては、目的との距離が近すぎて、近視眼《きんしがん》的な勉強にならざるを得ない。それが唯一の勉強法として認識されてしまっているのは、とてももったいないことです。

私は高校に呼ばれて講演をする機会が度々あるのですが、先生方は口々に「うちの高校から東京大学に何人合格しました」「早慶に何人入りました」と言って、有名大学の合格者総人数を挙げ連ねます。さらには、「うちの生徒たちは優秀だから、ぜひ先生に勉強法を教えていただいて東大合格者を増やしたいんです」とも。

そんなとき、私はその生徒さんたちを前にして言います。

「東大を出てもろくな人間にならなかったヤツが山ほどいるのだから、東大なんか目指してどうするんだ！」

すると、先生たちが「えっ?」と青ざめるんですね。「生徒に東大に入ってもらいたくて、先生を呼んだのに！」と。非常に驚いた視線を私に投げかけてくるのです。

もちろん、東大に合格することは困難なことですし、それを実現できたとしたら素晴らしいことでしょう。入学後、卒業後の目的が明確で、そのためにはどうしても東大に行かなければいけないというのなら、ぜひとも頑張ってもらいたいと思います。

しかし、人生には東大合格を目指す以外の選択肢がいくらでもあるということを、私はあえてこの機会に伝えたい。

伊藤塾でも、「司法試験合格なんか目指すな」と、半ば《なか》口癖《くちぐせ》のように教えています。「そんなものを目指したら、本当に使いものにならない姑息《こそく》な人間になって終わりだからね」と。

重要なのは、常に一歩先の目標や生き方を考えること。そこから必要なものを逆算して獲得していくことこそ、どんな時代の変化にも対応して生きていける「頭を良くする勉強法」の本質といえるのではないでしょうか。

受験勉強も突破しやすくなる「頭を良くする勉強法」

親が近視眼的な勉強法を根底とした偏差値教育を受けてきた場合は、子どもにも同様の教育を求めがちです。

「記憶力」などはその最たるものかもしれません。インターネット検索《けんさく》で誰でも簡単に必要な情報や知識を得ることができる昨今、記憶力よりも、さまざまな情報の中から正しい選別をできる検索能力のほうが重要になることもあります。

しかし、暗記こそ全てだと親が思い込み、その教育を押し付けてしまえば、将来必要になるかもしれない能力を伸ばす機会を子どもから奪うことにもなりかねません。

時代によって求められる能力は変わっていきます。また、前述したように、仕事観の多様化は今後、さらに急速に進んでいくことが予測されます。今の中学生や高校生が、5年後、10年後に就職するとき、世の中はもっと大きく変わっているでしょう。

それを先取りして、何のために何を勉強するべきかを考え、親子で認識を共有することこそが、今最も必要なことではないでしょうか。

本書で詳述する「子どもの頭を良くする勉強法」は、直近の受験勉強にも大いに役立つにちがいありません。

一歩先を考えるという方法論ですから、少し高い目標を設定するということになります。すると、手前のハードルが低く見えるという効果があるのです。

いい例があります。

短距離走のコーチが100メートル走の選手から「記録が伸びないんです」と相談を

受けました。そこでコーチは「君はスタートラインのどこを目指して走っているんだ?」と問います。選手は「それは決まっていますよ。100メートル先のゴールに一点集中して、全てのエネルギーを集結して突っ走ります」と当然のことのように答えます。

しかしコーチの見解は違う。

「そんなことを言っているから記録が出ないのだ。100メートル先なんか僕は目指さない。120メートル先をゴールだと思って走れ」

コーチの言う、この走法には、ゴール直前にかかる「やっと終わりだ」「もういいや」という心理的なブレーキを解除《かいじょ》し、強い推進力を生む効果があります。120メートル先がゴールだと思うと、ちょうど100メートルの辺りで一番スピードが乗ってくる。

大局観《たいきょくかん》を持って勉強すれば入学試験の壁が突破しやすくなるというのは、まさにこの感覚なのです。

受験には合否を超えた意味がある

ここでひとつ、受験の持つ意味を考えてみましょう。

私は受験には合否を超えた意味があると思っています。合否は「結果」でしかありませんが、受験をすることで得られた人間的な成長は「成果」です。

受験勉強では「子どもの頭を良くする勉強法」の基本である、合格を目標としてさまざまな計画を立てて実行する力などを養うことができます。

また、本番の試験では、プレッシャーに押し潰《つぶ》されそうになりながらも自分の力を発揮するよう努力するという、本番力を培《つちか》うこともできます。

これらは、今後の人生を切り拓《ひら》いていくための大きな糧《かて》となりますから、まさに「成果」そのものといえるでしょう。

しかし、この「成果」を合否の「結果」と混同してしまうと、失敗したときのリカバリーができなくなってしまう。これはとても残念なことです。

受験はひとつの素材です。

子どもを成長させ、将来の力を鍛《きた》えるための一素材にすぎません。だから、もしお子さんが失敗したとしても、受験勉強のサイクルの中で身につけた勉強法やさまざまな体験や力を、具体的な成果としてひとつひとつ思い返してあげてほしいのです。

それらは、子どもが長い人生を切り拓いていくうえで必ず大きな武器となり、「生きる術」となって役立つはずですから。

第2章　「人生の成功者」とはどんな人なのか？

社会的に成功した親の教育がうまくいかない理由

社会的に成功している親であっても、子どもの教育はうまくいっていないという人が決して珍しくありません。

これは、社会的な成功と個人の幸せがリンクしていないことに起因《きいん》すると思います。たとえ親が社会的に成功していても、子どもの目には幸せな姿として映っていないのでしょう。「うちの親って外面だけはいいんだよね」「社会的には評価されているかもしれないけど、それで本当に幸せなの？　少なくとも僕は（私は）幸せじゃないぞ」などと思われていることが少なくないのです。

親が「社会のために」と言って外面ばかりを良くしても、子どもは「何か違うな。どこかおかしいな」と、それをしっかり見抜いてしまうものです。

それだけでなく、「勉強した結果、社会で認められたとしても幸せとは限らない」という結論を導き出してしまうおそれもある。これでは、いくら親が教育熱心であっても、子どもが勉強を肯定《こうてい》的に捉《とら》えることはできません。

また、一般的に社会で成功している親は、自分の価値観を子どもに押し付けたり、自分の幸せ観や成功の概念《がいねん》を子どもに求めてしまいがちであるのも、教育がうまくいかない原因のひとつといえるでしょう。

社会的な成功者であればあるほど、自分の成功体験をそのまま子どもにトレースしようとする傾向があるようです。

しかし、たとえ親子であってもそれぞれが独立した別の人間であることには間違いない。生きてきた時代も違えば遺伝子だって半分はパートナーのものです。自分と全く同じ方法をとることが教育上正解とは限りません。

子どもは、価値観や幸せ観の押し付けを敏感に感じ取ります。

それが周囲の期待によるものだったとしても、子どもにとってはとても窮屈《きゅうくつ》なもの。反発心を起こしたくもなります。両親だけでなく、そのおじいちゃんやおばあちゃんも含めて、親戚縁者みんなで期待しすぎてしまえば、子どもにとっては「期待＝価値観の押し付け」になり、さらにプレッシャーは大きくなってしまうでしょう。

こうした事態を避けるためにも、子どもを独立したひとりの人間として認めることを忘れてはいけません。子どもと対等に付き合うことを、教育における大前提と理解してください。

「人生の成功者」の定義とは

自分が幸せだと感じられることと同時に社会に貢献《こうけん》ができる人。

人から求められる仕事ができる人間になれたという実感を持てた人。

私はそういう人を「人生の成功者」と定義づけます。

「趣味や旅行を楽しんだりおいしいものを食べたり、自分が幸せと感じるのならそれで十分じゃないか」と思う方もいるかもしれません。

「社会に貢献してこそ幸せだなんて、偽善者《ぎぜん》みたいなことを言わないでくれ」と怒る方すらもいるかもしれません。

しかし、この〝社会との関係性〟という視点は、子どもの教育上とても重要なことなのです。家庭でも「世の中に役に立つ仕事をするんだよ」とか「人の役に立つ仕事がいい仕事だよ」と教える機会があるかと思います。

けれど、そのことが本人の幸せとリンクするイメージをうまく持たせられないと、仕事は単なるお金稼ぎの手段として認識されてしまう。

「嫌なことでも仕事だから我慢してやらざるを得ない」「稼いだお金でプライベートな

幸せを実現すればいい」。仕事をお金稼ぎの手段と限定してしまうことは、仕事への捉え方を狭めるだけでなく、仕事に就くための勉強を「仕方がないけれども、やらなくてはいけないもの」へと変貌《へんぼう》させてしまうおそれがあります。

これでは、勉強のモチベーションが上がるはずもありません。視野を広げれば学べるはずのものも学ぶことができなくなってしまう。

親は自分の子どもの幸せだけを一生懸命に考えてしまうものですね。

しかし、個人がひとりの力によって得られる幸せには限界があります。個人の幸せの延長線上には社会の幸せがあり、それが自分の幸せとして還元《かんげん》されていく――この好循環を獲得した生き方こそを人生の成功パターンとして目指し、それを子どもにも教えていくべきなのです。

まず親が素直になって子どもに伝えるべきこと

自分が幸せになるために勉強を通じて力を付け、社会に貢献できる仕事をする。それによって、さらに自分の幸せを感じられるようになる。この循環や関係性をきちんと子どもに伝えられている親はどれだけいるでしょうか。

「社会に貢献するとかそんな大きなことを言ったって、俺には何もできないよ」と初めから冷めてしまう大人が多いのも、これまでの教育の悪い結果だったと思います。

自分が何か人や社会の役に立っている。人から求められて社会に貢献できている。そういう実感から湧《わ》き上がる幸せというものを、小さな頃に教えてもらった、あるいはしっかり学んだという経験がないのです。

親世代にそういった経験がないのなら、社会への貢献と自分の幸せが直結する概念を、子どもにどう伝えていけばいいのでしょうか。

まず親が自分自身に対して、また社会との関係性に対して素直になることが必要だと私は思います。

親自身が自分の仕事を見つめ直して、感じたこと、考えたことを子どもに本音で話してみてください。「実は今仕事でうまくいってないんだ」「正直言ってどういう仕事が本当にいいのかわからなくなっている」など……。

一見、親として頼りなさそうに見えるようなことでもいいと思います。

「人間というのは、いつまでたっても悩み続けるものなんだ」と正直に伝えれば、中学生、高校生くらいの年代の子どもならきっとよくわかってくれるのではないでしょうか。

父親が仕事で真剣に悩んでいる姿は、子どもが社会との関わりを意識し始めるきっかけづくりにもなるはずです。

将来、自分が働くということは、自分が手掛けた商品やサービスを多くの人に使ってもらったり、おいしい、楽しい、便利だと思ってもらえたりするような仕事をしていくことなのだな、とも感じてくれることでしょう。

時に親は、「おまえはこうならないように、しっかりやらなきゃダメだぞ」と警告《けいこく》めいた話をして、自分のことを棚《たな》に上げてもいいと思います。

ただし、自らの半生をあまり自虐《じぎゃく》的に表現しすぎてはいけません。

「今はおまえがいてくれるから本当に幸せなんだ。こういう家族があることって幸せなんだよね。仕事の面では確かにいま少し残念な感じがしないでもない。でも、そのことによって学べたことが山ほどあったし、今こうして新たな学びをしようと思っている」と。幸せの物差しが他にもあるのだということを示してあげればいいのです。

仕事はうまくいってなくとも、トータルで考えれば自分は幸せなのだ、と。

勉強して偏差値を上げて、いい大学に入って、いい会社に行くという単線の幸せモデルだけではない、いろいろな幸せ観や価値観があるということを伝えてあげるのです。

このことは、子どもの成長過程において非常に良い機会だと私は思っています。

あらゆる仕事は「他者の幸福」につながっている

「他者の幸せの総量」を増やすことに貢献できる人が、世の中には存在します。

例えば、スポーツで感動を与える人がそれに当たります。アスリートの奮闘する姿に感動すると、人はとても幸せな気持ちになって、自分も頑張ろうと思ったりしますよね。逆境にあってピンチを跳《は》ね返す姿を見ると、同じような境遇にある人でなくとも「自分も負けてはいられないぞ」と思わず拳《こぶし》を握《にぎ》り締めたくなるものです。

音楽の世界でも、人に感動や勇気を与える楽曲を提供しているアーティストがいます。クラシックでもポップスでも、その人の楽曲や作品を聴いて心が豊かになった、温《あたた》かくなったと幸せを感じる人は大勢います。

製品やサービスにも同じことがいえるでしょう。システムやコンテンツを作ることで、人に幸せを与える人もいます。あらゆる職業、あらゆる世の中の人間の営みは人と関わっていますし、他者の幸せにも数え切れないほどのバリエーションがありますから、自分の中の何かが必ず人の幸せにつながっていくことがあるのです。

そのことを意識して、自分の仕事や生活を改めて見直してみてください。

得意分野も個性も人それぞれなのですから、自分が幸せだと思うことを通じて他者の幸せにつながっていくことも実はあるのではないでしょうか。

それが、社会全体の幸せの総量を増やすことにつながるような生き方となるのです。

少しずつ、小さなことからそれを意識していくだけでいいと思います。

定年退職してリタイアした後に、どうやって生きていこうか、何をすべきかと考える人は多くいます。中にはボランティア活動を始めたり、小さな会社を立ち上げたり、再就職をしたりする人もいるでしょう。

そういうときに自分の幸せと社会への貢献がつながっていると実感できれば、それは大きなやりがいに結びつくにちがいありません。第2、第3の人生の意味合いも、きっと大きく変わっていくのではないでしょうか。

「学力の高さ」は「個人の幸せや成功」と関係があるのか?

学力というのは、社会における成功や個人の幸せとどのくらい関係があるのでしょうか。

学力が高い人が個人としても幸せであり、社会の幸せにも貢献できるかといえば、必ずしもそうではありませんし、学力はそれほど高くなくても社会の幸せに貢献できている人も当然います。

しかし、論理必然ではありませんが、学力を高めることと個人の幸せや社会での成功というものは、何らかの相関関係があるように思えます。

学力を高めていくための勉強は、やり方によっては、子どもの視野と世界をぐんと広げます。それが「自分はこういうこともできそうだ」「こういう世界もあったんだ」と、持って生まれた潜在《せんざい》的な可能性を開花させるチャンスを見つけやすくし、活躍の可能性を広げることに結果的につながるからでしょう。

読み書きや単純な計算のような基礎学力は、何か新しいことに挑戦しようとしたときに必ず役に立つものです。

例えば、本を読むことが苦痛でなければ、書物をひもとくことで、古今東西の先人たちが人生をかけて紡《つむ》ぎあげた知と対話し、自分では絶対に実体験できない物語の数々を経験することができるわけです。

さらに外国の言葉まで知ることができれば、無限大に世界観は広がり、自分の間接体験はぐっと増えていくにちがいありません。そのためにも、国語や外国語といった学力は、あるに越したことはないのです。

学力を高める努力をしてきた過程は必ず生きてくるものです。初めから学力がある人なんてひとりもいません。

学力を付けるためには、まずは目標を設定して頑張ってみること。計画を立てて実行し、毎日プリントなどの課題を一枚ずつやってみること。シンプルですが、これしかありません。まずはそこからです。何か努力をしてきたゆえに結果的に学力は上がっていくのですから。

第3章　家庭でできる「子どもの頭を良くする習慣術」

親は子どもの学習のサポート役

第1章の冒頭で、「頭の良さ」とは、いくつもの能力を備えた総合的な力であるとお話ししました。

総合的な力を付けるための素地《そじ》は、主に「家庭」で習得するものです。生きていくうえで本当に必要な力の多くは、むしろ家庭でなければ身につけられないともいえます。

因《ちな》みに、現役東大生に「〝自ら学ぶ力〟をつけるのに最も役に立ったのはどこだと思いますか?」という質問に対して、「家庭」と挙げた学生は約4割にも及んでいたという調査結果もあります（東京大学学生生活実態調査2003）。その次に「大学」「高校」と続くのですが、「家庭」が子どもにとっていかに学ぶ場所として大事かがわかるかと思います。

親は家庭で子どもに「どんなときに何を教えるべきか」を理解しておくのが良いかと思います。

そう言われると思わず身構えてしまうかもしれませんが、あまり難しく考える必要はありません。あくまで子どもの学習のサポート役に徹すると考えればいいのです。

もちろん、家庭を教育の場と捉えると親自身の勉強も必要となってきますが、学びの主体はあくまで子どもにあります。頭の良い子どもに育て上げていくためには、成長段階に応じて重点を置かなければいけないポイントがあります。

「この時期には、こういうことを一生懸命やってあげたほうがいい」「この部分を刺激して能力を伸ばしてあげたほうがいい」など、子どもの成長段階に合わせて何をやらせるかということは、ある程度、両親の間で共通認識を持っておいたほうがいいでしょう。子どもの成長段階に応じた能力の伸ばし方は、次項以降で詳しく述べていきたいと思います。

両親はそれぞれの立場や経験から、子どものことを真剣に考えています。それゆえに、子育てについての考え方が、夫婦間で食い違ってしまうことが多々見受けられますよね。だからこそ、夫婦であってもそれぞれ考え方は違うということを認識したうえで、子どもの教育について話し合う機会を持つのが大切なのです。

夫の考えが、妻の考えが自分と違うからといって、相手を否定してはいけません。夫婦それぞれで立場や経験してきたものが異なるのですから、それを否定することはナンセンスで何の解決にもなりません。子どもは、お父さんとお母さんの姿を見ています。

夫婦が差異を受け入れて認め合う姿が、子どもにとって貴重な学びのきっかけになるということも、忘れないでおいてください。

頭の良い生徒に見られる共通点

伊藤塾で教えていて、「この子は頭がいいなあ」と思う学生には共通点があります。第一に「素直である」こと。次に「集中力がある」「好奇心が強い」こと。

さらに最近では「バランス感覚が良い」生徒が増えました。勉強だけではなく、部活やサークル、アルバイトなどさまざまな活動に精を出し、また同時に彼女や彼氏との恋愛までも楽しんでいます。さらには、身なりもすごくカッコ良い。

昔は、司法試験を受験する学生というのは、ねじりハチマキにビン底メガネスタイルのガリ勉タイプが多かったように思います。何日も風呂に入らないで勉強し続けるようなイメージもありました。

しかし、今ではファッションから生活スタイルから何から何まで全然違うんですね。

このような変化は好ましいことです。さまざまな分野に興味を広げ、それを上手にバランス良くこなせる資質というのは、勉強するうえでも、社会に出てからでも非常に重要なことだと考えています。

学者や研究者になりたいのならば、「勉強しかしません！」という強固な姿勢を貫くのもいいかもしれません。しかし、弁護士や検事、裁判官はいわゆる実務家です。実務家というのはさまざまなタスクを同時並行で進めなくてはいけません。

弁護士は50件もの案件を同時並行で取り組みますし、裁判官の仕事でも常時200件ぐらいの裁判が同時に進行していたりします。検事の仕事でも同様です。

もちろん、一般企業のビジネスパーソンにおいても、マルチタスクで仕事をこなしていくことは、当たり前のように求められるスキルです。

実務をこなしていくためには、並行して進む複数のタスクをマネジメントすることが必須。また、仕事とプライベートをバランス良く配分するための時間管理も、実務と同時にこなさなくてはなりません。

ところがこれが、ひとつの物事に集中しすぎる学生には難しいのです。

また、興味をひとつに絞《しぼ》るということは、視野を狭《せば》めることにもつながる。自分の通う大学以外のサークルに参加し、他校生や幅広い層の人たちと交流する経験は、社会に出るうえで大きな糧《かて》になります。アルバイト先で、時に理不尽《りふじん》なクレームを受けたりひどく叱られたりするのも結果的にはいい経験になるでしょう。

多様な経験には意味がある。そう理解している学生たちが増えているように思えます。司法試験合格を目指す学生の中に「バランス感覚が良い」人が増えているというのは、まさにその証左といえるのではないでしょうか。これは素晴らしいことです。

素直で頭の良い生徒の弱点とは

最も〝質が高い〟生徒にはどんな特徴があるか、ご存じでしょうか。

答えはやはり「素直である」ことなのです。前項でも頭のいい子の特徴として「素直である」ことを挙げましたね。教育、勉強を語るうえで、〝素直さ〟は何物にも替え難い大きなアドバンテージなります。

しかし、その素直さをうまく育ててあげないと、大きな弱点にもなってしまう。ただ単に従順なだけの人間になりかねません。言われたことはきちんとこなせるけど、自分でリーダーシップを持って引っ張っていくことができなくなってしまうのです。これではいけません。

そうならないためには何が必要なのか。

それは「批判的な視点を持つ」ことでしょう。

私は、教え始めて2年目以降の素直な塾生には「私の言ったことを〝本当にそうなのか？〟という目で見てほしい。また、そういった耳で聞いてほしい」と伝えています。彼らは素直であるがゆえに、その真意をしっかり理解し、実践してくれます。

私がこの言葉で彼らに伝えたいのは「自分で課題を見つけて自分で解決していく」たくましさを身につけること。

ただ言われたことをやっていればいいという学生は、司法試験にこそ合格はするかもしれませんが、自力で問題発見、問題解決を遂行《すいこう》していくたくましさに欠けてしまいます。この能力がないと、実社会に出てから必ず苦労するんですね。

そうならないためにも視野を広げて多方面から見る習慣をつける。そしてその中における課題を自分で見つけ出してくる。そのようなカリキュラムが必要になってくるのです。

ところで、そもそもどうすれば素直な子に育つのかと疑問に思った方もいるかもしれません。この疑問にひと言で答えるのは難しいものですが、やはり家庭環境は少なからず作用していると思います。基本的な生活習慣もそうですし、人の話を聞く謙虚《けんきょ》さなどは、家庭の中で培《つちか》われる素養《そよう》といえるでしょう。

子どもの「知的好奇心」を高める方法

子どもの知的好奇心を高めていくには、親が一緒に面白がる姿勢を子どもに見せるのが一番の近道です。

学問的なことでなくても、テレビに映った事象についてでもいい。「これ、不思議じゃない？」「なんだこりゃ！」と一緒に驚き、その後に感想を言い合ってみましょう。

親が感想を述べずに「ふーん」「そうだね」程度で終わらせてしまうと、子どもはそれを真似《まね》して「別に」などの言葉で片付けるようになってしまいます。

子どもの知的好奇心を高めるためには、親のほうもしっかりとした言葉を持つことが必要ですね。

親が表現する言葉を持つためには、読書だけでなく、普段から疑問に思ったことは調べて考えることを習慣づけておくといいです。子どもに教えながら親も学んでいく――これこそが「子どもと一緒に面白がる」姿勢であり勉強なのです。

親が自分の言葉で説明する習慣をつければ、こんなときにも応用が効きます。

例えば、忙しい朝にノロノロと子どもが準備をしていたとき。

つい「早くしなさい！」と言ってしまいたくなるのですが、そこはぐっとこらえてください。

決まった時間までにやらなければ、どうなってしまうのか。終わったら次は何が待っているのか。それを親自身が自分の言葉で説明し、するべき行動の意味や次に待つ楽しさを考えさせるのです。そうすれば自発的に考えて行動できる子どもが育ちます。

「早くしなさい」と注意するのは簡単です。しかし、感情に任せて発したその言葉が、子どもの自発的に考える力を伸ばす妨《さまた》げになってしまうのかもしれない。そのことを念頭に置いて、親が自分の言葉で語りかける習慣をぜひ身につけてほしいと思います。

「考える」という習慣づけ

勉強というのは、「知的正直」と「知的貪欲《どんよく》」によって成り立っています。

「知的正直」というのは、「自分はまだ何も知らないし、何もわかっていない」と、自分の不完全さを認識すること。

自分の不完全さを知ることで人は学びに対する謙虚《けんきょ》な姿勢を持ち、同時に「自分はもっと学ばなければいけない」と「知的貪欲」を持って学びへ向かっていきます。

つまり、「学びへの謙虚さ」を持つことが、「知的貪欲」につながっていくのです。

これらは家庭環境の中で育《はぐく》まれるべきものであり、子どもが勉強法を意識する以前に、まさに家庭の中で身につけるべき習慣であると考えています。

では、子どもに習慣づけをさせる時期はいつ頃が良いのでしょうか。

私は小学校就学前まではないかと思います。親ができるだけ子どもと一緒の時間を過ごしてあげたいと考えるこの時期が、生活習慣を身につけさせるうえでは最も適切なタイミングです。具体的には、何をすればいいか。

まずは、子どもと一緒になって考えてあげることから始めるといいと思います。テーマは何でもいいので、とにかく一緒に考える時間を持ち、子どもに「考えるという経験」をさせるのです。

そして、これを毎日繰り返す。経験そのものを繰り返すことが、習慣づけには効果的です。口を酸《す》っぱくして何度も伝えるより、経験させるほうが早い。

この「考えるという経験」は、子どもが物事の「なぜ?」「なに?」に興味を持ち始めたときからスタートさせるといいでしょう。

例えば、「これはどうしてこうなるの？」と言い始めたら、それがスタートの合図です。「どうしてだろうね？」と、ぜひ子どもと一緒に考えてあげてください。

子どもの興味を阻害《そがい》してはならない

子どもは成長期に入ってくると、いろいろな物に興味を持ち始めます。昆虫だったり、「ポケモン」や「妖怪ウォッチ」や電車だったり。また、ファッションや童話、可愛い動物や人形などに強い興味を示すかもしれません。

そのときに「そんなつまらないものなんかやめなさい」「すぐ飽きちゃうでしょ」などと否定的な言葉を子どもに投げかけてはいないでしょうか。

親は、自分が興味や関心を持った対象を子どもに押し付けがちです。「こんな本を読んでごらん」と少し分厚い本を与えてみたり、何とか全集を買ってきてみたり。教育に熱心な親ほど、自分が理解している分野や自分が持っている見識の範囲で、教育上有用と思えるさまざまなものを子どもに与えようとする傾向にあります。

しかし、考えてみてください。あなたの子どもの可能性は、そんなに狭く、限定されたところにしかないのでしょうか。

親の限界は子どもの限界ではありません。親の知り得ぬ領域《りょういき》にこそ、わが子の可能性があるかもしれない。大げさに言えば、自分の限界を超えた部分に、子どもの可能性があると認識しておくべきなのです。

例えば、昆虫が大好きな子がいたとします。虫の名前をたくさん覚えていて、周囲からは昆虫博士と呼ばれている。でも、親は「いくら虫の名前をたくさん覚えていても、将来何の役に立つんだろう……」と心配になり、「もうお兄ちゃんなんだから昆虫採集はやめなさい」と注意してしまう……。

確かに心配になる気持ちもわからないではありません。

しかし、注意する前に少し視野を広げてみましょう。

虫好きから始まって、生物学やバイオテクノロジー分野へと興味が広がるかもしれません。場合によっては医学を志すようになるかもしれない。

2015年、優れた女性科学者に贈られる猿橋《さるはし》賞に植物学者の鳥居啓子《とりいけいこ》さんに決まりました。植物（シロイヌナズナ）の気孔《きこう》の生成にかかわる遺伝子の働きを解明したということでその研究成果が認められたんですね。

そんな彼女は小学生時代、買ってもらった顕微鏡《けんびきょう》で池のミジンコや、小麦粉の中のダニを見つけて遊んでばかりいたというんですね。何がきっかけで興味が広がっていくかわからないものなのです。

今、子どもが興味を持っていることが、無限に広がる将来の可能性の礎《いしずえ》となっているかもしれないのですから。

「そんなつまらないものなんかやめなさい」「漫画なんか読むのをやめなさい」「そんなくだらない音楽なんか聴くのをやめなさい」と、親が自分の価値観で子どもに興味関心の対象を限定することほど、もったいないことはないと思いませんか。

好きなことに熱中する時間をつくってあげる

子どもの興味関心は、それを礎として四方八方に可能性を広げていくものである、と述べました。

しかしそれ以上に私が重要だと考えるのは、好きなことに向かって集中するという経験です。何かひとつ好きなことに熱中するのは、集中力向上の訓練になるんですね。

好きなものに熱中して、自分の意思で調べ、自分の意思で対象に近づいていこうという好奇心や集中力。そして自分の意思で調べることによって新しいことを知る喜び。それこそ「学びの喜び」というものです。ですから、子どもが何か好きなことに打ち込むときには、ぜひそれをサポートしてあげてほしいのです。

まずは、自分の意思で興味のある対象を見つけ追求していくこと。もっともっと自分を追い込んでいくこと。そこに楽しさがあることを子どもが自らの経験から知る必要があります。

成長段階で親が子どもを刺激してあげるべき要素も、もちろんありますが、まずは子どもが興味を持っているものをできる限りたくさん見せ、たくさん体験させてあげてください。

しかし、中には、子どもは虫に興味を持っているのに、お母さんは虫嫌いというケースもあるかもしれません。そんなときはぐっとこらえて、子どもに付き合ってあげてほしいのです。何も一緒に昆虫採集に行きなさいと言っているわけではありません。カブトムシの名前を覚えてあげるだけでもいい。お母さんが自分の好きなものに興味を持ってくれたら、子どもはどれだけ喜ぶか。そして、その喜びを原動力に、もっと調べてもっと覚えて、もっと話をしてくれるようになるのです。

間違っても、「虫なんか捨ててきなさい。昆虫図鑑で勉強すればいいでしょ」などと押し付けるようなことはしないでください。「頭の良い子」の不可欠要素である集中力や好奇心を育てる絶好の機会なのですから。

子どもの興味を「達成感」に変えるコツ

子どもが興味を持つテーマに、ちょっとした課題を与えてあげるのも親の役割のひとつです。

みたび、昆虫が好きな子の例でみてみましょう。

親が「日本にいない昆虫を50匹、２時間以内に図鑑で調べて見つけてきてごらん」と課題を出したとします。子どもは大喜びで図鑑を開き、熱中しながら該当《がいとう》する昆虫を探し出すでしょう。子どもが調べてきた結果に対し、親がするべきことは次のとおり。

「よし、よく見つけたな。では、今度はアフリカってところにいる昆虫を見つけてごらん。アフリカってどこにあるか知っているかな?」と次の目標を立てさせるのです。

そしてまたそれを期限内に達成させて、達成できたらまた褒める。

ここで行われているのは、「目標を決めて期限内に達成する」というサイクルの習慣づけです。目標に向けて行動を起こし達成感を得るという行為は、勉強、仕事に限らず生活のあらゆる面で基本となるものです。まさにこれこそ「頭を良くする勉強法」の根《こん》幹《かん》でもあります。

このように、子どもの興味関心を大切にすれば、ちょっとした工夫で目標達成力を培《つちか》うこともできる。こうして目標達成力が身についたら、その意識とエネルギーを少しずつ勉強のほうにシフトしていけばいいのです。

結局、勉強嫌いをつくっているのは、興味の芽《め》を摘《つ》んでしまう親なのかもしれませんね。

おもちゃの与え方で決まる「数学のセンス」

算数や数学が苦手だと言う人はたくさんいます。

そしてその原因を、個人の性格や素質だと勝手に判断している人もたくさんいるようです。しかし、最初から算数が苦手な子どもなんていないのではないでしょうか。

時間や空間に対する感覚が身についていないから、応用が利《き》かず苦手意識を持ってしまう。ただそれだけのことだったりするのです。

時間や空間の認識能力を高めるためには、パズルやブロックのように自分の手を使って物を作り上げていくような遊びを大いにさせてあげるべきです。無限の可能性やバリエーションがある遊具ならなお良いでしょう。

子どもが道具を使えるような年齢に成長したら、大工道具や料理道具などのツールを使わせることも重要です。

道具を使用する過程で身につくのは、物の長さや重さ、大きさを「測《はか》る概念《がいねん》」です。長さや面積、体積、容積といった概念の基礎は、「どちらのほうが大きいか？」というようなごくごくシンプルな比較体験によって形作られます。この具体的な実体験を踏まえずに教科書やプリント上で抽象的に概念を教えようとすると、子どもは混乱して算数に苦手意識を持つようになってしまうんですね。

道具を使うことのメリットは他にもあります。日曜大工や料理のお手伝いをしながら、親子でコミュニケーションを図《はか》る道具として活用するのもいいでしょう。

時には金づちで手を叩《たた》いてしまったり、包丁《ほうちょう》で指を少し切ってしまったり、痛い思いをするかもしれません。

しかし、この痛みを伴う経験は、危険を察知する能力にもつながってきます。危ないからといって遠ざけてしまうと、逆にリスクを大きくしてしまう結果になりかねません。

物事の共通点と相違点を見つけさせよう

「頭の良い子」に育てるために、子どもに身につけてほしい基本的な勉強力のひとつに「物事を分析できる力」というものがあります。

「分析力」を養うために今すぐ親ができることは、物事の共通点と相違《そうい》点を見つけ出すよう、子どもに意識させることです。

例えば、子どもたちが好きなカブトムシとクワガタ。「この2匹は似ているけれども、どこが違うんだろう？　どこが同じなんだろう？」と問いかけるだけでいいのです。

子どもが好きなものであれば、テーマは何でもいい。

電車が好きな子には山手線と京浜東北線、童話が好きな子にはシンデレラと白雪姫など、子どもの興味に合わせて質問を投げかけてみてください。

これらの質問のような、共通点と相違点を見いだす行為を、私たちは「分析」と呼んでいます。

例えば、因数分解の公式では「この公式とこの公式はどこが同じで、どこが違うのか？」ということをしっかり把握《はあく》しないと内容が理解できません。英単語でも「この単語とこの単語は、頭に同じ文字が付いていて似ているけれど、その後の文字は少し違う。では共通する頭の文字は何なのか？」と見いだすことが大事なのです。

同じところと違うところを見いだす「分析力」というのは、学問の基本です。

理系文系の区別などありません。小さいときからそういう見方を習慣づけることで学問の基礎力が付いてくるのです。

「なぜ？ なぜ？」と聞く子は頭が良い

何でも「なぜ？ なぜ？」と聞く子どもに、「面倒だなあ」なんて思ったことはありませんか。

あらゆることに興味関心を持って掘り下げてみると、「なぜだろう？」という疑問にぶつかることは、大人でもよくあることですよね。実は、「なぜだろう？」という疑問を持つ癖《くせ》をつけることは、頭の良い子どもに育てるために必要な条件のひとつです。

「なぜ？」という疑問を持ち続け、親がその「なぜ？」という疑問の芽を摘まずに育て、伸ばしてあげた子どもは、例外なく頭が良いといわれる大人に育っていくものです。

世の中には、大人でも知り得ないことが山ほどあります。

例えば、「空はなぜ青い？」に始まって、台風が起こるメカニズムや電気が発生する仕組みなど。これらをきちんと説明できる大人はどれだけいるのでしょうか。

知らないということは恥ずかしいことではありません。子どもの「なぜ？」をきっかけにして一緒に考えてみたり、調べてみたりするところから、学ぶ楽しさも生まれます。

子どもが「なぜ？」と言い出したら、頭の良い子になるチャンスだと思って、子どもの好奇心に存分に付き合ってあげるといいでしょう。

親は子どもの好奇心ととことんつき合おう

ここで問題です。子どもがお腹をすかせていると考え、先回りをして食べ物を与えるのは、良いことでしょうか？

答えはノーです。

子どもと話をするときに注意しなくてはいけないのは、子どもが話したいと思っていることを、最後までしっかり聞いてあげることです。親が先回りしてはいけません。

まずは何をしたいのかを子どもの言葉で言わせること。その際、「ご飯！」のように単語で終わらせないで、「ぼくはご飯が食べたい。だって、いっぱい遊んだからお腹がすいちゃったよ」など、文章にしてきちんと伝えさせる癖をつけさせましょう。

単語だけで会話をするような子どもが増えているとも聞きます。また、本人が言いたいことを、親が気を回して先にやってしまうと、常に受け身の姿勢の子どもに育つ危険もあります。

絵を描くことが好きな子どもが壁《かべ》に落書きをしようとするのを、「お絵描きはきちんと紙の中でしなさい」と先回りして止めるのも、できればやめたほうがいいですね。大きな絵を描きたかった場合、子どもの目には、画用紙が表現の幅を狭《せば》めるものとして映るでしょう。壁でさえ小さいと思っていたのに、と。

確かに家をきれいに保ちたいという気持ちはわかりますが、ほんの数年の辛抱《しんぼう》です。模造紙《もぞうし》を壁一面に貼っておくこともできますし、今はいろいろと壁をきれいにする道具もありますから、3年は我慢してやりたい放題させてあげてみてください。落ち着いたら壁紙を張り替えればいいじゃありませんか。

賃貸《ちんたい》のアパートに住んでいるのであれば、部屋を出るときに大家さんに頭を下げて、もうそれで敷金《しききん》は戻ってこないものだと腹をくくればいいのです。

子どもの安全に対する感覚も同じように、最近の親は少し過保護になりすぎるような気がしてなりません。

もちろん、子どもの身の安全には配慮しなければいけませんし、病気をさせたくない、ケガをさせたくない、だから子どもに危険な経験をさせたくないと考えるのも親なら当然のことでしょう。

しかし、前述したとおり、指を切らなければ刃物の危険性はわかりません。金づちで指を叩いてしまう経験がないと、打撲《だぼく》の痛さは理解できません。

親としては勇気がいることですが、命の危険にさらされるようなものでない限り、なるべくいろいろな経験を子どもにはさせたほうがいい。

落書きの話にせよ、ケガの話にせよ、とにかく親は子どもの好奇心としっかりつき合うという覚悟《かくご》を決めなければいけないということなのです。

「テレビを見ながら学ぶ」最強勉強術

親が子どもと一緒になって学び、喜ぶ姿を子どもに見せることは何よりも大切なことです。

「子は親の鏡」ではありませんが、ある時期までは、子どもは親の真似をしながら人格形成をしていきます。

逆に言えば、親ができないことを子どもに期待するのは酷《こく》なのです。親が学ぶ姿を見せて初めて、子どもは学ぶことは楽しく、意味があることなのだと知ることができるのですから。

もちろん、疲れて仕事から帰った後に、勉強する姿を子どもに見せろとは言いません。そういう姿を見せられるのは理想ではありますが、できないときも多々あります。帰宅後はのんびりビールでも飲みながらテレビを見たいよと思うお父さん、お母さんはたくさんいるのではないでしょうか。

だからこそ、ビールを飲みながらテレビを見ている間にもできることを実践してみてほしいのです。テレビを見ながらリラックスしている時間であっても、いろいろなコミュニケーションの仕方をとおして、子どもにとっての頭の訓練ができるのですから。

例えば、番組を見ながら突っ込みを入れる。

「あんなことを言っているけれど本当かな？」と疑《うたが》ってかかってみたり、「実はこんな考え方もあるんじゃないの？」とテレビに向かってぶつぶつ言ったり。そして子どもに「おまえはどう思う？」「あの芸人さん、あんなこと言っているけれど、おまえならどう突っ込む？」と問いかけるのです。

番組自体は、ニュースでもバラエティでも何でも構いません。

ドラマを見ているときなら、「この先どうなると思う？」と子どもに聞いてみてください。推理力を養ったり、いろいろな登場人物の性格や人間関係を把握する訓練にもなりますし、ドラマを通して社会を知ることにもなるでしょう。

または、「このドラマの脚本を書いた人は多分こんな狙《ねら》いがあって、この人にこんなことを言わせているのかもしれないよ。見てろ、お父さんの言うとおりになるから」と、推理の見本を見せてみる。推理が外れたとしても、「どうして外れちゃったのかな。お父さんどこを読み違えたのかな？」と子どもと一緒に考えるきっかけになります。

音楽番組なら、歌詞のテロップが出ますから、「あの言葉の意味がわかるか？　わからなかったら、ちょっと調べてみろよ」と、スマートフォンを使って子どもに調べさせてみてもいいでしょう。

親の大事な役目のひとつは、勉強の楽しさ、新しいことを知ることの楽しさを子どもに伝えることです。テレビを見ながらの会話の中にも、その楽しみを知って、気付いてもらう方法があるということを忘れてはいけません。

「ニュース番組」は学びの宝庫

少しレベルが高くなりますが、ニュース番組は実に学びの宝庫です。

時事問題を覚えるという、お受験的な発想ではありません。ニュース内容を親が子どもに説明してあげるという行為、そして子どもに「自分はどう思うか、どう感じるか」を考えさせる行為が学びのキモになります。

ただし、その際、あまり勉強チックにならないように。その点には気を付けてください。もっと気軽に、「今ニュースで出てきた言葉がわからないから、ちょっと調べてみるよ」と調べる行為を見せるだけでもいいのです。

知らないことは別に恥ずかしいことではないし、わからないことはすぐに調べたほうがいいということを、子どもはそういった親の姿から学び取ります。

ニュース番組の内容を子どもに説明して感想や意見を求める。それが難しければ、番組に出てきたわからないキーワードをその場で調べてみせる。たったこれだけのことですが、これこそが「ニュースを見ながら学ぶ」最強勉強術の極意なのです。

疲れて帰宅した後でも、子どものためを思えば、これくらいはできるのではないでしようか。

「料理」は科学や歴史を教えるチャンス

家庭にある身近な勉強材料はもちろんテレビだけではありません。

毎日の食卓を彩《いろど》る料理の数々。

ここには、科学や歴史などにもリンクするあらゆる知恵が詰《つ》まっていますし、料理を作る段取りにも学びがあふれています。これを教えない手はありません。

例えば、調理に失敗したときには、「どこで失敗しちゃったんだろう?」「どこがおかしいんだろう?」と子どもとコミュニケーションをとりながら原因を見つけ出すのです。炒《いた》めすぎてしまった、ゆですぎてしまったことが原因なら、「素材は熱を入れると変化する」という化学的な興味にもつながります。

「なぜ熱を加えると柔《やわ》らかくなるんだろう?」「なぜお酢《す》に漬《つ》けておくとおいしくなるんだろう?」。そんな疑問が次々湧《わ》いてきたらしめたものです。

子どもの「なぜ?」が発信されたら、すぐに調べさせるか、親が調べて子どもに伝える。そうすることで、料理から理科や化学のジャンルへと学びの世界を広げていくことができるのです。

理科に限ったことではありません。「昔は誰かと一緒にご飯を食べることは命がけだったんだって。毒が入っているかもしれなかったから毒見係《どくみ》がいたらしいよ」と歴史の話題に持っていくこともできます。

第1章の冒頭でも述べたとおり、頭の良い人間とは、学んだことを活用して自分の人生をデザインし、自分の幸せを実現していくことができる人のことです。

そういう観点からすれば、家庭の中で起こる出来事全てが学びの場になるということを、まずは、親こそが理解してほしいと思います。

「自立」と「自律」を学ばせる日記術

小さな子どもは、最初に歩く練習をするときに、待ち構える親に向かって歩いていくことから始めます。親が「こっちこっち」と導いてくれるからですね。

14歳頃までは主に親の導きによって子どもは成長していく時期かもしれません。

しかし、親にも限界がありますし、永遠に子どもを導き続けられるものでもないことは、全ての親が心に留めているはずです。

いずれは目の前に親がいないところへ自分の足で踏み出さなくてはならないのですから、家庭生活では「自立心」を養うことも大きな目標のひとつにしておかなければなりません。親に導いてもらい、言われたとおりに勉強したので東大に受かりました、では意味がないのです。自立心を持って、入学後の勉強を「自律」できなくては、ただ東大に入学しただけの人になってしまう。

「自律」とは、読んで字のごとく、自らを律することを指します。

「自立」と「自律」――このふたつは、生活態度をはじめ、物の考え方や学び方などあらゆる場面で求められるもの。

このふたつの「じりつ」が持つ最も大きなポイントは、目の前に親がいなくても前に歩み出せる力です。その力こそが、子どもが大きく成長していくために最低限必要な知恵のひとつとなります。

子どもの自立と自律に効果的なのは、記録をつけさせること。

まずは「日記をつける」癖をつけさせることをおすすめします。

日記をつけるとき、人は自分の行動を振り返って客観視することができる。これができれば、自分を律することにつながります。

そして、自分の思いや行動、さらには目標まで決められれば、それを記録するのもよいでしょう。目標は、自立して行動を起こす源にもなります。

記録以外に、もうひとつ。できるだけ何でも自分でやらせるようにしたほうがいい、という大原則にも触れておきたいと思います。親はついつい手を差し伸べたくなるし、教えたくなってしまうのですが、まずは子どもに自分で何でもやらせてみることです。

家族旅行のときに、子どもをナビゲート役に任命するのもいいでしょう。

行きたいところを自分で探させたり、「お父さんはここに行きたいのだけど」と言って子どもに案内させたりしてみましょう。

海外旅行も良い経験になります。成田空港からロンドンに飛び、そこから飛行機に乗り換えてフランクフルトに行くにはどうしたらいいのか？　空港内のどこへ行ったらいいのか？　案内板の場所などをこっそりサポートしながら、全部子どもに任せるのです。

心配になって先回りして「あそこに行けばいいじゃない」と答えを言いたくもなりますが、そこはぐっと我慢して本人にやらせます。そのうえで「わからなかったら人に聞いてくればいいじゃない。言葉がわからなくても聞けるんだから、日本語で聞いてくればいいんだから」とあえて突き放してみるのです。

そういった経験をさせていくうちに、子どもは自分の頭で考えて行動する癖を少しずつ身につけていくのです。

鬼コーチになる親は失格

うまく自立心が育ち、自律できるようになれば、いずれ子どもは「やらされている」という受け身の感覚から脱却《だっきゃく》して、「自分がやりたくてやっている」という能動的な生き方へと自分を変えていきます。

そのためには、「言われたことをやればいい」といった勉強の教え方や指導方法を親が続けていたのでは不十分。言われたことをやって、できたら評価されるだけの生き方では、一生誰かから課題を与えてもらわないといけなくなってしまいます。

また、課題を与えてもらえなければ何もできないという受け身な姿勢では、社会に出てから良いパフォーマンスを発揮できません。

与えられた課題を盲目的にこなしていけば、良い大学には入れると思います。しかし重要なのは、そこから先のことです。

大学進学の方向性は、学力と偏差値ランキングを照らし合わせながら、先生方のアドバイスや過去の実績をもとに決めることができますが、その後の就職ではそうはいきません。選択肢は無限に広がり、その中から自分の判断で全てを決めていかなくてはなりません。社会に出てからはさらにその必要性が高まります。

だから、子どもにはどこかで自分の意思で一歩前に踏み出すことができるような力を付けさせないといけないと思います。

〝やらされている感〟のある、受け身の生き方や勉強の仕方、生活の仕方ではなく、自分がやりたいからやっているという方向に子どもを育てていく。

それは親が子どもと一緒に楽しんで伴走《ばんそう》してあげることで実現できると思うのです。子どもの横で、一緒になって走ってあげる。コーチというより伴走者のイメージですね。その際、親が子どもと一緒に楽しむことを忘れてはいけません。

親がため息ばかりついているようでは難しいでしょうね。ため息どころか、まるで日頃のストレスを発散するかのように鬼コーチのようになってしまったら最悪です。

走り始めは、お父さんやお母さんの背中を見せながらでいいのです。途中から横並びになったら、しばらく一緒に走ってあげる。どこかの時点で「後はおまえひとりで行けよ」と背中をぽんと押してあげる、そんな関係をイメージするといいと思います。

子どもに伝えたい「時間の有限性」

子どもの頃は時間がのんびり過ぎていたような気がしませんか。

そして、いつまでも子どものままでいられるように思いませんでしたか。

このような子ども特有の時間の観念は、その希薄《きはく》さに大きな特徴があります。

時間が有限だという感覚が希薄だからこそ、1年を永遠のように長く感じていたし、日が沈んでも永遠に遊び続けられるような気がしていたんですね。

皆さんも実感していると思いますが、大人になってからの時間の流れはとても速い。あっという間に1年が過ぎてしまいますよね。大人は時間の有限性を知っています。だから、「時間というものは限られているからこそ大切なんだ」ということを、うまく子どもに伝えてあげられたらと思うのです。

例えば、「夕ご飯までに宿題をやりなさい」とか、「明日までに部屋の片付けをしておきなさい」「ちゃんとお片付けをしてから遊びに出るんだよ」といった具合に、しっかり区切りをつける習慣を身につけさせる。時間で行動を区切ることは、子どもに時間の有限性を意識させることにつながります。

有限なのは時間だけではありません。命が有限だということも、必ず子どもに伝えたいテーマのひとつ。

命の大切さを教えるために、ペットを飼うご家庭は多いですよね。生き物は必ず死にます。それゆえに、命は有限だということを、何よりも深く教えることができるのです。

幼少期に犬を飼い始めると、その犬は、子どもが一番多感な時期に死んでしまう。その悲しみは子どもの心に深く刻《きざ》まれ、子どもは、生きている限り大切なものを失うことがあるという現実を実感することになるでしょう。そのことは死生観を考えるきっかけにもなり、情操《じょうそう》教育としても非常に有意義なことだと思います。

生活の中でもデッドラインを決める習慣を！

目標を決めて期限内に達成するというサイクルの習慣づけは「子どもの頭を良くする勉強法」の根幹だと前述しました。

日常生活においても、目標を立てて期限を決めることは、そこから逆算してこれからするべきこと、これから起こり得ることを想像し実行していくための訓練となります。

例えば、朝の部活があるから家を8時に出なくてはいけない場合。

顔を洗って着替えてご飯を食べて……と忙しく動きながらも、8時までに部活や学校の支度《したく》をしなくてはいけないわけです。そのとき子どもは、「今日の部活は何をするんだっけ？」「授業では何を提出するんだっけ？」と先々に想像を働かせています。その想像から、その日に必要な部活道具なり、学校の提出物なりを準備するのです。

家を出る前の持ち物チェックという行動を通じて、将来のことを想像して、そこからさかのぼって何が必要かを考える。まさにゴールからの発想の訓練になります。

そしてここで重要なのが、8時というデッドラインがあることです。限られた時間内に一連の想像と準備をしなくてはいけないのですから、必然的に効率的な思考方法を模索するようになります。

デッドラインを決めるということは、時間は有限だという意識を身につけさせると同時に、ゴールに至るまでの道筋《みちすじ》をより効率的に考えさせる手段となるのです。

逆境に強い子に育てる秘訣

「感性を磨《みが》きましょう」「豊かな感受性を育《はぐく》みましょう」

子どもの教育で幾度《いくど》となく目にする言葉です。

なぜ感性を磨き、感受性を育むべきなのでしょうか。

「優しい子になってほしいから」「芸術を楽しむ豊かな生活を送ってほしいから」など、答えはさまざまだと思います。

私は、磨かれた感性や感受性は、意欲やモチベーションなど自分のメンタルをコントロールする力になると考えています。そしてそれは同時に、スランプを乗り越える力、あるいは逆境から立ち直る力に生かされていくのだとも思うのです。

感性、感受性を磨くために、多くの親は、本物の芸術に触れる経験を子どもにさせようとします。もちろんそれは素晴らしいことなのですが、これはいい、面白い、美しい、幸せだと感じられるようなものは、もっと身近なところにもたくさんあるんですね。

お母さんが作った料理を「おいしいね」といって、家族で共有する時間を持つということでも、感受性は十分に磨かれます。旅行も、新しい発見であふれており感動と触れ合う機会が多いという点で非常に有効でしょう。

些細《ささい》なことにも幸せを感じることができるような感性を磨いてあげれば、子どもはぐんと強くなります。つらいとき、くじけそうなときも、自分で見いだした幸せをバネに逆境を乗り越えていくことができるからです。感性や感受性は、心を豊かにするだけでなく、自分のメンタルをコントロールする武器にもなるということを知っておいたほうがいいのではないでしょうか。

頭の良い子に育つ睡眠習慣

子どものときの生活習慣は、将来の考え方や生活スタイルを決定し、ひいてはその後の人生にも影響してしまうほど大事なことです。

特に、子どもにとっての睡眠は、身体的な成長のためだけでなく脳の成長のためにも、とても重要なものです。寝る子は育つといいますが本当にそう思います。

私も高校生になるくらいまでは、一日10時間以上、12〜13時間は寝ていました（大人になってからの睡眠時間は、一日3時間程度ですが……）。

子どもの脳は、日々成長していく段階にあります。勉強だけではないさまざまな経験をすることで神経もシナプスもつながっていき、頭の中にはどんどん新しい回路が出来上がっているのです。

成長が激しい分、脳には大きな負担がかかっていることを理解してください。睡眠をしっかり取り、脳を休ませる重要性がここにあります。ゲームで夜更《よふ》かしをしている場合ではありませんよね。

若い頃というのは、自分で思っている以上に脳を使っているものです。人間関係を含めて、これまで経験してこなかった世界がどんどん広がっていき、その一方でいろいろな悩みが生じますから、脳が処理しなくてはいけないタスクはもう山積状態です。

日中、脳は休みなくフル稼働しているわけですから、夜くらいはしっかり休息させてあげてください。

また、睡眠というのはオンオフの切り替えにもなりますから、習慣としての重要性にも目を向けてほしいと思います。幼稚園の頃にはお昼寝の時間というものがありましたよね。大人でも、最近では10分から20分以内の短い昼寝をすると、午後の仕事の能率が格段に上がるといわれています。

夜の睡眠をしっかり取るだけでなく、子どもが小さいうちは昼寝の習慣をつけてあげることをおすすめしたいですね。

習い事を詰め込みすぎない

子どもに習い事をいくつもさせている親御さんはいませんか。

勉強塾に英会話、ピアノやバイオリンに水泳、野球、サッカー……。中には1週間まるまる習い事で埋《う》まってしまって、遊ぶ暇もないほど忙しい子どももいるようです。

たくさんのことを経験させてあげたい気持ちはわかりますが、習い事はできれば週に3回くらいに留《とど》めておいたほうが良いのではないでしょうか。

予定が何もない日をつくってあげることも大事。

その日は丸一日、時間の使い方を子ども自身で考える訓練に当ててみましょう。

何時にどこに行って何をするのか。自由に時間をマネージさせ、能動的にスケジュールを組ませるのです。これは、時間をどう使うかという意識を持つことの訓練になりますし、自ら主体的に生きる大人になるための準備にもなります。

決められたとおりのスケジュールで1週間動くだけでは、変化の激しいこれからの時代に対応できるような人間には育ちません。

今日は何をしようか。誰と遊ぼうか。どこへ行って遊ぼうか。

子どもは遊びが仕事みたいなもの。ぜひともそういう観点で子どもの〝遊びマネジメント〟をサポートしてあげてください。

子どもに優先順位をつけさせよう

ゲームやスマホを子どもにいつ与えるかは、親にとって非常に悩ましい問題です。ハマりすぎて勉強や外遊びをしなくなったらどうしよう。または、与えるのが遅すぎて、友達の輪に入れなくなったらどうしよう。与えるタイミングを見計《みはか》らうのも難しいですし、与えた後のルール作りなども難しいですよね。

しかも、ゲームやスマホだけでなく、子どもがハマりやすいツールは家庭にいくらでもあります。テレビやパソコンも同様のツールといえるでしょう。

これらを完全に禁止する必要はありません。しかし、それは親子間のルールを作ることが前提となってきます。ルールは親のお仕着《しき》せではいけません。話し合いの場を設け、子どもの意見を出させることからスタートしましょう。

例えばテレビであれば、子どもは「見たい番組がこれだけある」という意見を出してくると思いますので、そこからルール作りを始めてみるのです。

あまりにも見たい番組が多いようだったら取捨選択《しゅしゃせんたく》が必要ですね。

その際、「同じお笑い系の番組だから、どっちかにしようよ」と子どもに最終的な選択を任せてみましょう。すると子どもは「同じタレントが出てくるならこっちの番組だけでいいや」「同じドタバタのお笑いバラエティだけど、こっちのほうが面白いからこの番組にする」と比較をしながら、基準を定めて優先順位を考えるようになります。

なぜ見たいのかという理由も聞いてあげてください。

中には「友達が見ているから」という子がいるかもしれません。友達だけでなく自分も楽しみにしているのならいいのですが、自分が面白いと思うものを我慢して、仲間外れにされたくないばかりに友達付き合いを優先している可能性もあります。

理由を聞いたうえで、サジェストしてあげるのは親の役目ですが、「自分が本当に見たい番組を見ればいいじゃない」などの押し付けは尚早《しょうそう》です。

ルール作りで大切なのは、すぐに結論を出すのではなく、自分が何をしたいのか、何を見たいのかということを振り返らせて、自分の頭で考えさせることです。ひとつの思考する機会と捉え、じっくり腰を据《す》えて話し合ってもらいたいと思います。

自分で作ったルールは自分で守らせる

仮にいろいろと話し合ってみても、どうしても見たい番組を絞れないということならば、その理由をしっかり説明させたうえで、親サイドが折れることがあってもいいでしょう。

親が自分の言うことをちゃんと理解して聞いてくれた、親を自分の言葉で説得できたと、子どもが説得の力を身を持って経験するのはいい機会です。

ただし、一旦《いったん》折れても、釘《くぎ》を刺しておくことを忘れないでください。

「おまえの言い分は完全には納得できないけれども、確かに筋は通っている。だから今回はおまえの言うとおりにしてあげよう」「ただし3カ月後にはもういっぺん見直すぞ」「このルールが守れなかったときは、見てもいい番組を減らすからね」と。

ペナルティも一緒に決めておいて、3カ月に1回は見直すといいでしょうね。

こういった親子のコミュニケーションを経ることで、「ルールは自分たちで作るもの」という感覚が芽生《めば》え、「自分が決めたことなのだから」とルールを遵守《じゅんしゅ》する気持ちも高まります。

同時に、「もっと見たいのに」と考えている自分に勝つセルフコントロールにもつながるでしょう。そのときに子どもが学ぶべきことは、最初から守れなさそうなルールを作らないこと、その代わり自分で作ったルールは必ず守るということです。

自分で作ったというのがポイントになるのですね。

親から押し付けられたルールを守らなくてはいけないとなると、民主主義が学べません。国が作った法律だから守らなくてはいけないのではなく、ルールとは自分たちが主体的に生きるために作るものだと子どもにわかってもらうのです。それが将来、法律もそうだ、憲法もそうだという理解につながってくると私は思っています。

自分が主体的に時間をコントロールしたり、ルールをコントロールしたりするだけでなく、親や他人をも巻き込みながら物事を進めていく過程を経験させることが重要なのです。子どもが自分でルールを作って、頑張ってそれを守っている姿を見たら、親は「よく頑張ったね」と褒めてあげたり、驚いてみせたりするとさらにいいと思います。

子どもがSNSに関わるときに親が注意すべきこと

ＬＩＮＥに代表されるようなＳＮＳに関しては、自分でルールを決めさせたとしても、親がそれをどこまで管理できるかという問題が残りますよね。

こっそり裏でやっていても、親はなかなか気付けません。ある程度の制限は有効だと思いますが、それでもやってしまう子はやってしまうでしょうね。

子どもがSNSを利用したいという欲求も成長の過程の表れとして理解してあげなければいけませんが、犯罪につながることだけが心配です。

特に女の子は異性の問題を含め、親として不安に思うのは当然のことでしょう。

それならば、「こんな問題があるんだよ」「あんな怖さが潜《ひそ》んでいるよ」と、家庭で普段から率直に少しずつ話題にしていくのはどうでしょうか。

「SNSのようなインターネット上のサービスは便利だけど、危険性もあるし、怖い事件も起きているよね」ということを、ニュースを見ながら日々の話題にしておくのです。

親が完全に管理することは難しいでしょうが、少なくともそういうふうにSNSが持つ負の側面を日頃から伝えて、本人に自覚させておくことが大事だと思います。

お手伝いをさせる習慣術

「うちの子は全然お手伝いができないんだから……」なんて嘆《なげ》いていませんか。

お手伝いを習慣化させるには、親が子どもと一緒に楽しんだり、褒めたり、驚いてあげたりしつつ、お手伝いのルールを子ども自身に決めさせるといいのです。

家族全員の役割分担を決めるのも重要。子どもだけがお手伝いをして、お父さんは何もしないというのでは説得力がありませんからね。

例えば、「週に1度はお父さんが料理を作ろう。だからおまえはお母さんと一緒に家の掃除《そうじ》をしなさい」と、それぞれの役割を決めてみたらどうでしょう。

私が子どもの頃、わが家では家族会議が週に1回は開催《かいさい》されていました。そこで家族間のさまざまな取り決めが行われていくのです。

あるときの会議では、私に靴磨《くつみが》きの役割を任されることが決定しました。

家族会議でお手伝いの分担も決めていたんですね。私の小遣いの額を決めるのも、この家族会議の場でした。「お小遣いが足りないから上げてくれ」と交渉して認めてもらったり、「いや、それはダメだ」と、会議が紛糾《ふんきゅう》したりすることもありました。

他にも、旅行の行き先などもみんなで話し合って決めていました。

各家庭に適した話し合いの方法があるでしょうから、私の例をそのままおすすめすることはしません。それぞれのご家庭で、最もコミュニケーションしやすい方法で役割分担を実践してみてください。

第4章

頭の良い子に育てる「親子のコミュニケーション術」

「頭の良さ」は親子のコミュニケーション力で決まる

頭の良い子どもを育てていくうえで、家庭での親の役割は非常に大きいと前章で伝えました。

では「親は子どもに大切なことをどう伝えればよいのか」「親子の良好なコミュニケーションはどのようにしたらいいのか」

その前に、なぜ親子間のコミュニケーションが頭の良い子を育てるために大事なのか、改めて少しだけ触れておきましょう。

子どもは親と触れ合うことでその愛を感じ、人に対する優しさや愛情などの感情面を磨《みが》いていきます。前章でも述べましたが、磨かれた感性や豊かな感受性は、意欲やモチベーションなど自分のメンタルをコントロールする力にもなります。

この力は、豊かで幸せな人生を獲得できる、総合力としての「頭の良さ」を身につけるためにも必要不可欠なものです。

また、家庭内で勉強の基礎的な習慣づけをする際にも、親子間のコミュニケーションがものをいいます。

一緒に調べたり考えたりする癖をつける。一緒にさまざまな目標を立てて達成する。一緒に好奇心を伸ばすためのヒントを見つけて集中力を伸ばす。

これらは全て、家庭内での円滑《えんかつ》なコミュニケーションがないとできないことですよね。だから、頭の良い子に育てるためには、親子間のコミュニケーションが不可欠なのです。会話や対話のない家庭で、一体親は何を子どもに教えられるというのでしょうか。

笑いが絶えない家庭の子どもは頭が良い

感情や優しさ、情感や思いやりというものは、人間として成功していくうえで、絶対になくてはならないものだと思います。これらを鍛え、豊かなものにするためにも、親子で共に学ぶことが必要です。

親子ともども手を取って学んでいく場として、会話がない暗い家庭よりも明るい家庭のほうが望ましいことは言うまでもないでしょう。

笑いが絶えない家庭をつくるのはなかなかに難しいことかもしれませんが、お父さんが親父ギャグや駄じゃれを連発するだけでも、コミュニケーションにおける笑顔の大切さを伝えることはできます。

たとえ〝すべった〟としても、それはそれでいいのです。面白さやユーモアセンスの必要性を反面教師的に教えることができるでしょうから。

笑い、つまりユーモアセンスは、ギャップから生まれてきます。ギャップとは意外性のこと。意外性に気付いたり、意外性を考えたりできるのは、気持ちに余裕がないとできません。この意外性が脳を刺激し思考を広げたり、深めたりするきっかけにもなっているのではないでしょうか。

だから、笑いがある家庭で育った子どもほど、柔軟性を持った頭の良い子が育つ傾向にあるのではないかと、私は思っています。

「言わないでもわかるだろう」は大間違い

親子で一緒に暮らしていると、口に出して気持ちを伝えるのが照《て》れ臭《くさ》くなったり、億《おっ》劫《くう》になったりするものですよね。

さらに、子どもが思春期になってくると親と会話をすること自体を避けようとして、なおさら会話量が減ってしまうケースも非常に多いようです。

そんなとき、「親子だし、口に出さないでも気持ちは伝わっているだろう」「わかり合えているはずだ」と思い込んではいけません。

夫婦間にも言えることですが、「口に出さないでもわかるだろう」と考えるのは大きな間違いです。近い存在であればあるほど、実は積極的なコミュニケーションを意識しなければいけないのですね。

「わかっているはずだ」と勝手に思い込んでいては齟齬《そご》が生じるだけですし、そのせいで「わかっているのになんでやってくれないのだ」という不満や不信感も募《つの》ってくる。

社会に出ると「ほうれんそう（報告・連絡・相談）」の遵守《じゅんしゅ》が求められますよね。

物事を共有するための基礎的な行動として、これらが必要とされているわけですが、ベースとなるのは「相手がわかっているはずがない」という発想であり前提です。

「わかっているはずがないから口に出して伝えなければいけない」

この発想は、人間同士のコミュニケーションにおいて忘れてはならないことです。

「わかっているはずだ」と思い込んで親子間・夫婦間コミュニケーションを放棄《ほうき》しておざなりにしまっている人も、社会に出たら「ほうれんそう」を意識し守っているのだと思います。それなら、なぜ同じことが家庭でもできないのでしょうか。

普段あまり話もせず、共に遊ぶこともしない親にいきなり「勉強しろ」と言われたところで、子どもが素直に勉強するとは思えません。親の言葉は子どもに対する愛情ゆえのものなのだとわかってもらうためには、それを伝えるためのベースがやはりどうしても必要なのです。

まずはコミュニケーションのとれる家庭環境というベースがあって、そこで初めて勉強法が生きてくる。普段の会話もなしに、都合のいいときだけ思いが伝わるなど絶対にあり得ないということを、心に留めておいてください。

勉強しない子どもを感情的に怒ってしまう親へ

子どもに勉強を教えるのが得意な親なんて、ほとんどいません。

大多数の親は、むしろ苦手と捉えているようですね。その理由のひとつに、どうしても子どもに対して感情的になってしまう、というものがあります。

時に、親の思いが強くなりすぎて、警告的に叱責《しっせき》してしまうこともあるでしょう。「勉強しないと将来困るぞ！」と脅《おど》したり、テストで間違った箇所を指摘しては「そんな単純なミスをしていたら、いつまでたっても勉強はできるようにはならないぞ！」と近い将来の可能性を否定してしまったり……。

最初から脅すつもりはなくても結果的に過剰《かじょう》な注意となってしまい、場合によってはそれが怒りや叱責に変わってしまう。そして、自信を失った子どもの沈んだ表情を見て、感情的になってしまった自分に自己嫌悪を感じてしまう。

そんな経験を持つ親御さんはけっこう多いのではないでしょうか。

恐怖心や不安感を煽《あお》るというのは、人を動かす方法としては、あまり得策とはいえません。それは一時的には有効かもしれませんが、一時的であるがゆえに、持続可能な関係の中では避けるべき方法論です。

言われたほうは〝とりあえず〟従うかもしれません。あるいは、従ったふりをするかもしれませんが、それはあくまでポーズです。親が伝えたいことの本質はほとんど伝わっていませんし、それどころか結果として反発を招くおそれもあります。

時に感情的になって注意してしまうのは仕方がないことです。親も人間なのですから。全く怒らない優しい親になれというほうが無理がありますよね。

しかし、感情的になってしまった場合でも、せめて子どもにとって「何が」「どう困るのか」ということを具体的に教えてあげるべきだと思うです。

「お釣りの計算ができないと、どこかでごまかされて損するよ」といった身近な例に始まり、「お金をたくさんだまし取られるかもしれないよ」と、もっと大変なことに巻き込まれるおそれがあることも話してあげてもいいと思います。

子どもはテレビを通じて世の中の出来事を知っていますから、最近起きた事件に例えて、それを回避《かいひ》する方法を具体的に教えてあげるのは、子どもにとってもイメージしやすく、わかりやすい方法でしょう。

ただ脅すだけでは不安を抱かせるだけで終わってしまうし、自信を喪失《そうしつ》して自己肯定感の低い悲観的な人間に育ってしまうおそれもあります。

感情的に怒る前に「これは子どもとの交渉なのだ」と、一呼吸おいてみてはいかがでしょうか。子どもへの注意は、全て交渉事と捉えてみるのです。そのためには親も忍耐が必要。子どもを教育するうえで少しずつ親も忍耐力が付いていくと信じ、粘《ねば》り強く対処法を身につけていきたいものです。

子どものやる気は「褒められるという成功体験」から

子どもの勉強で重要なのは過程です。

学力を上げるための努力の過程で、子どもはたくさんの能力やノウハウを身につけることができるからです。学力があるかないかという結果よりも、この過程で身につけたことが一番大事なんですね。勉強を継続し、過程からより多くのものを学ぶためには、モチベーションの維持が不可欠です。では、どうやって子どものモチベーションを保てばいいのでしょうか。

答えは「褒《ほ》めること」。シンプルすぎて拍子《ひょうし》抜けした人もいるかもしれません。しかし、褒めることは基本中の基本です。人の役に立っている、人に喜んでもらえるという実感を持てることこそが、子どもにとっては特に必要なのです。

小さな子どもほど、周りからの評価がモチベーションにつながる。

親に褒めてもらった、驚いてもらった、先生に褒めてもらった……。

それが本人にとっては自分は認めてもらったという安心感に直結しますし、褒められたという成功体験がある程度積み重なってくることで自信も生まれてくるでしょう。

ゆくゆくは、人から褒められなくても、自分で自分を褒めてあげることで自信が湧《わ》き出てくるようにもなります。こういった内的な評価、自分自身の評価によって物事を進められるようになればしめたもの。ある程度の自信が持てると、もう外からの評価は考えなくて済むような段階に入っていきます。

それが自我の成長の過程であり、自己の確立の過程だと私は考えています。

いきなり小さな子どもに「周りの評価なんか気にするな」とか「おまえはおまえなんだから」と言ったところでピンとはこないでしょう。また、まだ自信を持てない状態の子どもに言っても、周囲の声に潰《つぶ》されるだけで意味をなしません。子どもには段階を踏んであげることがとても大切なのです。

子どもを褒めるときの大事なポイント

最後に子どものことを褒めてあげたのはいつですか。

ついさっきでしょうか。それとも昨日の夜？　覚えてないという人もいるかもしれませんね。

子どもと親のコミュニケーションにおいて、褒めることは最も大切な要素。

特に幼い頃は、身近な人からの評価にこそ大きな影響を受けるものです。その評価は達成感につながり、自信につながり、自己肯定感につながっていきます。褒められた経験の多寡《たか》が、その後の人生を左右すると言っても過言《かごん》ではありません。

人間は社会の中で生きていますから、いくつになっても他者と比べて、相対的に自分を位置付けてしまうものです。

しかし、自分の中に別の評価の物差しをつくれるようになれば、その相対的評価を絶対視する必要はなくなります。自分なりの物差しをつくるための基礎が、褒めることで形作られることを、親は心得ておきましょう。

子どもは課題を達成できたときに、親から評価してもらったり褒めてもらったりすることが何よりも嬉しいんですね。小さなときであれば、自分自身が実感する達成感よりずっと大きい達成感が心の奥に蓄積《ちくせき》されていきます。

しかし、「褒め過ぎは甘やかすことにつながるのでは?」と危惧《きぐ》する方も多いのではないでしょうか。そうならないための効果的な褒め方のコツを教えましょう。

例えば、テストでいい点数を取れたことを褒めてあげるとしたら、無条件に褒めちぎるのではなく、「こういう点数を取ったから、お父さんは嬉しいんだけど、それだけではないよ。おまえが頑張って達成できたということが何よりも嬉しい」と伝えてあげるのです。「課題に向かって一生懸命やってきたことが嬉しい」「そしてそれを達成できたからさらに嬉しいのだ」と結果以外のところ、つまり〝努力の過程〟も大いに評価する。

こうして、自分の中で努力していくこと、達成することの心地よさを感じさせてあげることは、決して甘やかしではありません。効果的に褒めることは、学びへの意欲をかきたてる原動力となるのですから。

最高の褒め方は「驚いてあげること」

子どもを褒めるときに、一番子どもが喜ぶ褒め方は何だと思いますか。

それは「驚いてあげる」ことなんです。

「ええっ！　おまえがそんなにできると思ってなかったよ！　すごいな、驚いたよ！」と。子どもの脳裏《のうり》には「すごく褒められた！」という強烈な印象が残るはずです。

レベルに合わせて褒め方を変えることは、甘やかしの回避《かいひ》にもつながりますね。ワンパターンの褒め方では不自然ですし、「今回あまりよくできなかったな」との本音を抱えながらも同じ褒め方をしていては、子どもにそこを見抜かれてしまいます。

だからこそ、最大限の評価をしてあげたいとき、今回は本当に褒めてやりたいと感じたときには、思い切り驚いてあげてください。

褒められて、驚かれて、自分が認めてもらうことの喜びを実感することは、外からの評価が重要であることを認識することにつながります。それは、外在的なモチベーションとして子どもの行動を支えていく大きな礎《いしずえ》となります。

最初のうちは、褒めてあげるときに、何かご褒美《ほうび》をあげたりするのもいいかもしれませんね。しかし、あまりやり過ぎてしまうと、報酬《ほうしゅう》がないと頑張れない子どもになってしまいます。外在的な評価やモチベーションと報酬やご褒美の結びつきを強くしすぎると、子どもはそれに依存してしまうようにもなりますから。

つまり、周りからの評価がなければ動かない人間になってしまうんですね。

外在的評価やモチベーションに依存することを避けるためには、少しずつそれを自分の中の達成感や成し遂げたいという動機に転換させてあげることがポイントです。

そのためにも、子どもが自分自身で目標を決め、それを達成できたことで感じられる喜び、すなわち内在的なモチベーションを高めていきたいものですね。

親は完璧な人間である必要はない

子どもに大切なことを伝えたい。なのに、親が「自分自身が完璧《かんぺき》な人間でないから」と、それを伝える自信が持てない。そんなケースをよく見かけます。

例えば、子どもに将来自分自身の物差しを持ってもらいたいと願いながらも、親自身がまだそれを確立できず、常に迷いながら今も試行錯誤《しこうさくご》している。そんな場合もあるでしょう。

確かに、親自身の考えが明確になれば、自分の幸福観を子どもにも伝えやすいとは思います。しかしそれを子どもに伝えたところで、かえって親の押し付けになってしまう可能性だってあるわけですね。

だから親は完璧でなくてもいいし、そもそも完璧にはなりえない。

「自分は家族や子どもの幸せについて今あれこれ考えているけれども、まだ答えが出ていない」と正直に子どもに伝えればいいじゃありませんか。

「おまえはどう思う?」と、自分の思いを棚卸《たなおろ》ししながら子どもと一緒に考えるのも、あなたにしかできない貴重な教育のひとつになります。

親の迷いは、子どもにとっての問題提起。

親が今までの経験の中から家族の幸せの形や進むべき方向性について問題提起することで、子どもは自分なりの観点から幸せについて考えはじめ話をすることができるようになります。そういうやりとりの中で、価値観や将来の幸せ観をすり合わせていく時間が生まれていくのですね。

親は子どもの前ではつい格好つけたくなるものです。しかし、繰り返しますが、親が完璧である必要はないのです。

親だって子どもと同じ成長過程にある

大人は、自分を客観的、相対的に把握《はあく》して、「大したことのない人間である」と自虐《じぎゃく》的な目線を持つことがありますよね。子どもの頃に思い描いていた「完成した大人」になれなかった、自分は大したことはない人間なのだ、と。

そう感じてしまうのは、当たり前のことです。人間は常に成長過程にあるのですから、いつまでたっても「完成したすごい大人」にはなれないはずなのです。

20代の新人にとっては40代の中堅ビジネスパーソンが手の届かない圧倒的存在に感じるかもしれませんが、その40代の中堅ビジネスパーソンも60、70代の経営者を途方もない存在に感じているわけです。

また、その60、70代の経営者にしても、尊敬する財界の大御所がいて、その地位をさらなる高みと捉えているかもしれない。

さらにその大御所たちはもっとすごい高みを目指していて、自分はまだまだだと思っているかもしれない。

人間というのは常に上を目指して成長し続けていくものであって、お父さん、お母さんであってもまだ成長の過程にいるにすぎません。

だからこそ、不完全さを自虐的に捉えることをせずに、不完全だから成長していけるのだということを、子どもに教えてあげたらいいのです。

あえて「完璧でない人間」を子どもにさらけ出すことも、時に大人の格好良さなのだと理解してください。子どもに自分の弱みを見せたり、ありのままの姿を見せることもひとつの勇気であって、もっと言えば自信にもつながると思うのです。

自分にもまだ夢がある、この先があるのだと考えていけばいいのです。

「お父さんたちも突然怒ったりする。大きな声を上げるときもある。つまらないことでイライラすることもある。人間として未熟なところがたくさんあるんだ」と、素直に子どもに伝えてみましょう。

そして、「だから今、一生懸命変えようと思っている。お父さんもおまえと同じで成長過程にあるんだよ」と。自分の言葉で子どもに伝えてみるのです。

子どもと一緒に考えることで、成長していくのは親のほうなのかもしれません。そう考えると、子どもと共に学んでいくことが、一層楽しくなりませんか。

親が謙虚でないと、子どもは素直でない

伊藤塾に通っている頭のいい学生の共通点は「素直さがある」ことだと述べましたが、それは親にも絶対に必要な要素だと思います。

素直さは謙虚《けんきょ》さにつながり、ありとあらゆるものから学ぼうという姿勢を生みます。親が謙虚さや学ぶ姿勢を示すことは、子どもにも非常にいい影響を与えます。そして、その逆もまた然《しか》りで、謙虚さのない親が子どもに与える悪影響は計り知れません。

例えば、タクシーに親子で乗ったときに、運転手さんにぶっきらぼうなものの言い方をしたり、命令口調で指示をしたりしてはいませんよね？　そういったやりとりを子どもはよく見ていますし、よく聞いています。

また、家族でレストランに行ったときの注文の仕方はぞんざいではないですか。お店の方がお水を注いでいるときに「ありがとう」と親が言っている姿。エレベーターに乗ったときに、みんなが乗り降りを終えるまで親が「開く」のボタンを押して待ち、「お先にどうぞ」と言っている姿。子どもはみんな見ています。

親が謙虚でなかったり、相手によって態度を変えたりしていると、子どもは知らず知らずにその態度を真似してしまいます。そうならないためにも、「謙虚でスマートな姿勢こそが格好いい」ということを親は普段の態度で子どもに教えてあげたいものです。

タクシーの運転手さんに偉そうに話したり、命令口調で指示したりすることは格好悪いことなんだよと、誰に対しても丁寧に接することこそが実は格好いいんだよと、身をもって教えてあげること。

そのためには、親であるあなた自身がいま一度謙虚になり、自分の姿勢を見直さなくてはいけません。

挨拶や礼儀ができない子どもの親とは

前述したように、子どもはあなたが思っている以上に、親の姿を見ています。

あなたは誰かに何かをしてもらったら、ごく自然に「ありがとう」と口に出していますか。

ごく近しい夫婦間であっても、してもらったことに対して感謝の意を示していますか。

社会に接するときだけ礼儀をわきまえ、家庭内ではそれを怠《おこた》るというのでは意味がありません。

家庭内で礼儀を教えるためには、挨拶《あいさつ》や感謝の言葉といったごく基本的な言動を親が日常的にとることが必要不可欠です。

同時に悪口にも気を付けなくてはいけません。

子どもに「お父さんのようになってはダメよ」と言ったり、「お母さんはいつもこれをやってくれない」と愚痴《ぐち》るのはご法度《はっと》です。

もちろん、他人の悪口を避けるべきなのは言うまでもありませんが、冗談のようにパートナーの愚痴を言いたくなることもあるでしょうから、どこまでが悪口であるかは夫婦で話し合って共通認識を持っておくといいと思います。子どもの前で言っていいことと、悪いことはここまでだよと。

また、家庭内の礼儀は、親の子どもへの接し方にも表れますから、その点にも注意が必要です。

当たり前のことですが、親は子どもに対して自己中心的態度で接してはいけません。常に上から目線であったり、強圧的であったり。

少なくとも子どもの話をしっかり聞いたうえで、「うん、わかった。でもね、こうしなさい」と伝えていくべきでしょう。

親子の関係は友達関係とは違います。しっかりとした親子の関係である必要性があり、時にはきちっと言い切ったりして、断定することが求められます。

とはいえ、それは単なる上下関係や一方的に命令に従う関係であってはならないのです。子どもの話をちゃんと聞いたうえで「おまえの言い分はよくわかった。でもお父さんはこう考えるからひとまずこれに従え」と諭《さと》すべきだと思います。

同じことが夫婦間にも当てはまります。母親の話を父親が聞き、父親の話を母親が聞く。そんな姿を見せていくことで、子どもに礼儀が身についていくのです。

また、ひと口に夫婦といっても、いろいろな事情や形態がありますよね。うまくいかずに離婚したり、険悪な関係に陥っているケースもあるでしょう。

賛否両論あると思いますが、私は、そういうときにはありのままの姿を子どもに見せるべきだと考えます。子どもの年齢やタイミングは難しいですが、うまくいかなかった面や原因を話してあげる時期があっていいとも思います。そこからいろいろなことを子どもは学ぶわけですから、全てをネガティブに捉える必要はありません。

夫婦仲が悪いからといってため息ばかりつくのではなく、自分の人生をしっかり生き、前向きな気持ちを持つ姿を子どもには見せていきましょう。

子どもが話しかけているのにスマホをいじっていませんか？

子どもが一生懸命話しているときに、スマホや携帯をいじる親。

もしくは、ゲームに夢中になって、親の問いかけを無視する子ども。

親子で同じ空間を共にしているのに会話がない――現代では、そんな光景をよく目にしたり、耳にしますね。

子どもが幼い頃に親子で対話を重ねることは、その子の精神形成において、最も大事なことのひとつです。

当然、目と目を合わせて会話する機会はできるだけ多く持つべきですし、親がそれを実行できない、もしくは子どもがそれを渋《しぶ》るようなら半ば強制的に機会をつくってしまうのも手だと思います。

例えば、スマホの電源は切って放っておく、ゲームを片付けてしまうなど、それくらいのことはしても良いのではないでしょうか。

なお、ゲームを片付ける際は、感情的に取り上げるのではなく、ルール化するなどの方法をとるべきですが、これは今さら言うまでもありませんね。

子どもが幼稚園や小学校くらいの年齢であれば、スキンシップを図りながらの対話が効果的です。大皿から食事を取り分けて食べたり、一緒にお風呂に入ったりするのもいいでしょう。

私自身は、子どもと一緒に食事をする時間があまり取れず、お風呂に入る時間もバラバラでしたので、これらのことはほとんど実行できずじまいでした。

しかし、その代わりに、子どもが寝る前の時間だけは一時帰宅するようにして、マッサージをしてあげることを日課としていました。私が毎日息子の足や背中、腰のマッサージをする時間は、貴重なスキンシップの機会でした。夜なので雑音もなく、穏やかな声でいろいろな話ができ、また、寝る前に話をすることは子どもにとっても強く印象に残っているようです。

私の場合は、子どもがスポーツをやっていたからマッサージという手段をとりましたが、スキンシップや対話の方法は子どもの様子やそれぞれの家庭環境に合わせて選んでいけばいいと思います。

「家族会議」のすすめ

良好な親子間コミュニケーションをとるために、家族会議を定例化してみるというのはどうでしょう？　少し面倒かもしれませんが、ルール化してしまうことによって対話の機会を持ちやすくなります。

会議はちょっと荷が重いというなら、家族で行うイベントを定例化するのもいいですね。外食、家族旅行、おじいちゃんやおばあちゃんの家への訪問などを定例化することで、半ば強制的に対話の機会を設けるのです。

計画を立てるにあたっては、第５章で述べる「頭を良くする勉強法」の基本、つまりＰＤＣＡサイクル（計画↓実行↓検証↓改善）を子どもに学ばせることもできるため、まさに一石二鳥といえます。

共有できる場所や機会は他にもたくさんあります。

絵が好きな子ならば一緒に美術館に行ってはどうでしょうか。スポーツ好きなら野球やサッカーを一緒にプレイしたり、観戦しに行ったりするのも良いでしょう。公園だって水族館だって動物園だってコンサートだって、選択肢は無限にあるはずです。

同じ時間や空間を共有して、そこで感想を述べ合うのもとても貴重な経験になるでしょう。子どもにとっては親の存在をより身近に感じられるようになりますし、親は子どもの心に引っ掛かるところを見つけてあげやすくなるのです。

また、そこで語り合う楽しさも、子どもには学ばせたいものですね。

第5章　受験や人生で成功する「勉強法の鉄則」

「子どもの頭を良くする勉強法」の基本サイクル

「ひょっとしたらこの子は勉強が苦手なんじゃないだろうか？」

そう感じて心配している親御さんは少なくないと思います。

でも、ちょっと待ってください。

勉強そのものが苦手なのではなく、おそらく計画を立てるのが苦手だったり、目標を立てるのが苦手なだけだったりすることが往々にしてあるものです。

目標の立て方やノウハウがよくわかっていないのに、ただ勉強しなさいと言われてやっても、面白いはずがありません。

「問題集を解きなさい」「漢字の書き取りをやりなさい」と、その行動や行為だけを指示されて言われたことをこなすというのは、勉強ではなく単なる作業でしかありませんから。

作業は単純なものであればあるほど苦痛を伴います。単純な作業を親や教師から命じられ、ただこなしているだけでは面白みがないのは当然ですよね。何度言われても理解できず、淡々と作業を消化するだけ。これでは自分の頭で考えるという癖がつきませんし、勉強に対する苦手意識までもが芽生《めば》えてしまいます。

そんな苦痛な作業から子どもが脱却《だっきゃく》するためにまず親がすべきこと。

それはゴールをもっと明確にしてあげることです。目標を設定して、そこに向かって努力をする癖をつけさせる。これが勉強する習慣を身につけさせる基本といえます。

問題集やプリントなどを解かせるより前に、その習慣づけをしていきましょう。

習慣づけのために設定する目標は何も勉強に関わることでなくてもいいのです。日記をつけるのもいいし、朝ご飯の用意をお手伝いするというのでもいい。靴磨き、ゴミ拾いなどでもいいと思います。もちろん、家のお手伝いでなくても、例えば、朝早く起きてラジオ体操をするということでも構いません。

とにかく、毎日の生活の中で何か目標を決めて、それをやり遂げるということと、その喜びや大切さをわからせてあげることは、子どもに対する親の責任といえます。

最終的には自分で目標を見いだし、そのための課題を探し出してくることが重要なのですが、まだ何も知らない段階ではそこまでの到達は難しいでしょう。

だから「あれをしなさい、これをしなさい」と一方的に指示するのではなく、その目標や課題を一緒になって考えてあげるのです。

同時に、その課題を達成するためにはどうしたらいいかを本人に考えさせる習慣をつけることが必要なのです。

子どもに「計画の立て方」を教えよう

夏休みの宿題などで計算ドリルのような課題が出されたとき、あなたなら子どもにどんな指示を与えますか。

勉強熱心なご家庭だと、親が計画まで立てて「毎日これだけやっておけば、ちゃんと終わるから」と、一日にやるべきノルマを決めてしまう例もあるようです。

親に言われるがままにやっていれば、確かにしっかり課題をこなすことができます。期日どおりに課題を終わらせられれば、達成感も生まれることでしょう。達成感を味わうのは重要なことですが、「親の言うことを聞いたから味わえた達成感」だけでは成長が望めません。

小学生ぐらいのうちは、計画作りのときに親がアドバイスしてあげる程度がちょうどいいでしょうね。仮に夏休みが8月31日までだとしたら、「8月25日くらいには終わらせようね」と大まかな計画を提示してあげる。「何か忘れていることがあるかもしれないから、最後の５日間を予備日にしようよ。では25日までに終わらせるとしたら、どういうふうに進めていったらいいと思う?」と、そこから先の具体的な工程は子どもに考えさせるのです。

25日までに終わらせるというゴールを親が提案し、そこからさかのぼって子どもが自らの課題を作りあげるのです。その際、子どもが考えたゴールまでのアプローチに明らかに無理がある場合以外は、親の口出しは最小限に抑えましょう。

目標を立てて実行する習慣サイクル術

子どもが「野球をやりたい」と言い出したら、ただ道具と環境を与えるだけでなく、「何を目標にして野球をするのか」を明確にしてあげるのをおすすめします。

ボールをちゃんと捕《と》れるようになること。速く走れるようになること。次の試合でレギュラーになること。子どもの数だけ異なる目標があると思いますので、それを親が聞き出して子どもに意識させてあげるのです。

他の習い事でも同じこと。ピアノの課題曲をミスなく弾《ひ》く、発表会で賞を取るなどの目標を立てれば、子どもは日々の練習にも大きな意義を見いだすことができますよね。

ゲームが好きな子ならば、最高得点を目指すとか、難易度《なんい》の高いゲームをクリアするといった目標でもいいでしょう。

目標達成のためにはどんな戦略を立てて、どう進めていったらいいのかを子どもに考えさせるのです。ゲームの攻略本で勉強するというのも、ツールを用いて目標に向かうためのいい経験かもしれません。

ただ漫然とゲームで遊ばせるのはもったいない。遊びの中にも目標を設定しながら自分でプランを作っていく楽しさがあるということを、一緒に話しながら教えてあげることが大切なのです。

そうやって目標を掲《かか》げても、思うような結果が出ないこともあるでしょう。そんなときは、なぜ結果が出なかったのかを検証し、その問題点を解決するために改めて目標を提示するのです。

目標に向かってプランを立て(Plan)、実際にやってみて(Do)、結果が出たらそれを検証する(Check)。うまくいかなかったら、その原因を探し、次はもっと違ったアクションにつなげていこうと考え(Act)、またプランを立てる。

よくビジネスで語られるPDCA(Plan-Do-Check-Act)サイクルの基本を

子どものうちから経験させるというわけです。

これは、将来どんな仕事に就いたとしても必要とされる考え方ですし、自分の人生をデザインしていく上でも基本となるものだと思います。

ありとあらゆる人生の局面はＰＤＣＡサイクルの繰り返しなのだということを、子どもに早い段階から実感させておくのは非常に有意義なことです。まさにこれこそ「子どもの頭を良くする勉強法」の基本サイクルなのですから。

高校受験や大学受験という目標を掲げて、仮にそこで結果が出なかったとしても、次はどうするかを子どもが自分自身で考えられるようになれば、こんなに心強いことはありません。挫折《ざせつ》や壁にぶち当たったときこそ、ＰＤＣＡサイクルで培《つちか》ったスキルが身を助けるのです。

ＰＤＣＡサイクルを家庭で気軽に経験させるためには、一緒に料理を作るという体験もいいかもしれません。

料理というのはひとつのプロジェクトであり、「何を作るか」という目標に向かって具体的な計画を立ててアプローチしていく作業ですから。実際に作ってみてうまくいったのか、いかなかったのか。うまくいかなかったのなら次はどうすればいいのか。それを子どもと共に考え、次につなげていくのです。

この工程を、日記なり何らかの記録として残しておくと、なお良いでしょう。

子どもと一緒にキャッチボールをするときにも、「今日はストライクを何球決めよう」「50球投げ切ろう」といった目標を決めてあげるといいですね。

遊びや勉強といった毎日の生活の中でも、常にＰＤＣＡサイクルを意識しながら、目標を決めてそれに向かって頑張る癖をつけさせる。それが普通になってくると、人生のさまざまな局面に対応できる大事な知恵が身についたことになります。

勉強好きの子どもは達成感の虜《とりこ》である

子どもが勉強嫌いになってしまうのには理由があると述べました。

子どもが関心を持てないにもかかわらず、親や先生たちが無理やり「あれをやれ、これをやれ」と押し付けてしまうことに、その大きな原因のひとつがあると。

そして、算数の計算ドリルや漢字の書き取り、英単語の暗記や学校の宿題などを進んでやらない子が「勉強嫌い」という枠《わく》にはめられていると。

しかし、勉強というのは何もそういった類のもののみを指すのではありません。

第3章の「家庭でできる頭が良くなる習慣術」でもお伝えしたように、好きなことに集中したり、遊びの中から時間を決めて何か成果を出したりすることも、勉強と捉えるのです。それがたとえゲームであっても、「10分以内にクリアしよう！」と目的を持ってやらせれば、勉強の習慣につなげることができます。

ゲームや遊びで培った目的達成の感覚を、例えば計算問題に応用するためには「10分で10問クリアしよう！」などとゲーム感覚で提案することをおすすめします。問題を解くのではなく、クリアするという感覚に置き換えることで、勉強のハードルがぐっと下がるんですね。そこで「なるほど、勉強も同じだ。面白いな」と感じさせることができたら、もうしめたものです。

興味を持たせることがキモとなるのは、英語勉強についても同じです。

海外の音楽に興味を持つことで、「歌詞を全部覚えて歌えるようになりたい」「アーティストの世界観や歌詞の意味をもっと理解したい」という思いが生まれ、情熱的に英語の勉強を始める人も多くいますよね。

目的があるから、それを達成できると楽しいからと、目的達成に勉強の意義を感じられた子どもは絶対に勉強嫌いにはなりません。

「勉強って面白いの？」と聞かれれば、確かに中身自体はそれほど面白いものではありません。だから、勉強の内容そのものが面白いんだ、とこじつけるのではなく、「達成することが面白いんだ」ということこそを子どもには体験をとおして教えてあげてください。

「真似て繰り返すこと」からスタート

「模倣《もほう》は創造の母である」という言葉を聞いたことがあると思います。

全ての事象には先人たちの知恵の蓄積があり、それを真似《まね》つつ新たなものを付け足すことにこそ、創造という行為の本質があります。

全ての思想や技術は、そうやって世の中に生み出されてきました。

まずは基本形があり、それを真似することでしか新しいものは誕生しません。工業などの産業分野でもそうですし、芸術分野、スポーツ分野でもそう。もちろん学術分野、つまり勉強の世界も同様です。

まずは模倣すること、これが学びのスタートになるのです。

模倣する、真似をするといってもピンとこないかもしれません。しかし、ちょっと考えてみてください。問題集を解くことだって模倣なのです。計算式ひとつとっても、それは先人たちの知恵の結晶であり、その知恵を真似るために私たちは繰り返し問題集を解いているのです。

漢字の書き取りだって同じ。真似を繰り返すことで多くの語彙《ごい》を身につけると、それを使ってさらに多くの文献《ぶんけん》を読むことができるようになります。本を読むということは、先人たちの知恵を「なぞる＝真似する」ことと同じですから、ここでもまた真似を繰り返すことになるんですね。

こうして先人たちの模倣を続けることで、ようやく私たちは自分のものの見方、考え方、やり方を見つけることができるようになるのです。

ですから、真似ることは恥ずかしいことではないし、真似をした段階で学びは始まっているということを子どもにはぜひ教えてあげてください。

真似の繰り返しが全ての基本となるということが理解できれば、同じ問題集を繰り返し解く意味もわかってもらえるのではないでしょうか。

反復・繰り返しが楽しくなる体質にする

ＰＤＣＡサイクルで培った考え方もそうですが、反復・繰り返しを経て身についたスキルは「知識」ではなく「知恵」として、いろいろな場面で生きてきます。

しかし、反復や繰り返しというものは、なかなかに面倒でもありますよね。

言葉で1回伝えれば理解してくれるというのなら、こんなに楽なことはありませんが、現実はそううまくいきません。

そんなときにものをいうのがやはり「達成感」です。

これまでも、喜びや達成感というものを子どもの頃から教えてあげるのが、とても重要なことだと幾度となく述べてきました。その達成感の中身は何でもいいですよと。

何かを達成するということの喜び、自分が挑戦してみて何かできた、頑張ったから達成したという体験。ダメだと思っていたのに、実はできたという経験が、物事を反復し繰り返すためにはとても大切なのです。

その観点から見れば、「百ます計算（※縦10×横10のますの左と上に数字をランダムに並べてそれぞれに交差するところに指定された計算方法の答えを記入する計算トレーニング）」のように達成感を持たせながら基礎を確認して訓練していく学習メソッドも、それなりに意味があることだと私は思います。

しかし、初めから計算に興味を持つ子は多くはありません。計算に興味が持てない子には、その子が好きなものをゲーム感覚で覚えさせていくことをおすすめします。

生き物の名前、「ポケモン」「妖怪ウォッチ」「プリキュア」などのキャラクター名、野球選手やサッカー選手の名前、電車路線の駅名など、子どもが興味を持てるものをその材料としてみてください。子どもは夢中でその名前を覚えようとするでしょう。

「ポケモン100匹言えるかな?」「東海道線の全駅を言えるかな?」など目標を決めて、子どもにそれを達成させる。

勉強というのは結局、目標を決めてそれを達成することの繰り返しなのです。

基礎力を付ける問題集の賢い解き方

「同じ問題集を何度もやりなさい」と言われてその意義が理解できたとしても、実際解き進めていくうちに飽《あ》きてしまうこともありますよね。

それを、いかに飽きずに継続《けいぞく》することができるか。

親なら、その点を十分に配慮《はいりょ》して子どもを指導してあげるべきです。

同じ問題集でも、解くときのポイントを変えるとそのたびに新しい発見があるものです。

例えば、「最初は決められた時間内で解くことを課してみる」。次に、「タイムリミットを短くする」。または、「頭の中で考えていることを口に出してしゃべりながら解かせる」のもいいでしょう。同じ方法で解くのではなく、ちょっとずつ切り口を変えていくのです。

さらに学習が進めば、「自分が出題するとしたら」という視点を提案してみるのも、目先が変わって面白いはずです。

「自分が出題者なら、この問題をどうアレンジするか。どう作ったら面白いか」と考えて問題を立て、さらに自分でそれを解いていくのです。出題者の視点に立つ訓練は、飽《あ》きずに繰り返し問題を解くことを可能にするだけでなく、授業を効率的に受けること、試験問題を短時間で理解することにもつながります。

こうやって飽きずに繰り返し学んでいく方法を知ることで、子どもは基本を徹底的に身につけることができます。基本を身につけることはすなわち、学び続けるための最大の武器にもなりますから、重点をおいて取り組んでもらえたらと思います。

目標はぶれても構わない

子どもの目標というものは、どうしてもぶれてしまうものですよね。

狭い世界で見つけた目標ですから、往々にして目標自体が思いつきだったり、「ちょっといいな」という軽い憧《あこが》れ程度だったりします。考えに考え抜いて見いだした目標を掲《かか》げられる子どもなんて、めったにいません。

でも、それでいいのです。子どもの頃の目標がピンポイントに絞《しぼ》られている必要はないのです。幅広で、ぼんやりしていてもいい。ぶれて当たり前なのですから。それを怖がったり、責めたりしてはいけません。

むしろ大事なのは、目標の先を考えさせることです。

例えば、大学に行ってやりたいことがあるからこの大学に入りたい、と子どもが目標を掲げたとします。そこで「どうしてそれをやりたいの?」と、目標とする理由を掘り下げて、親子で共有しておくのです。

そうすれば目標がぶれてしまったときに、どうして別の方向へ行ってしまったのかを考え、理解することができます。

「困っている人の役に立ちたいから医療を勉強したい、医大に行きたい」と目標を立てていたのに、ある日突然「社会学を勉強したいから他の大学を目指す」と言い出したとしても、社会学を勉強したい理由が依然として「困っている人の役に立ちたいから」なら、親も理解しやすいでしょう。

ただ単に「医大に行く」という目標だけを親子で共有していた場合、親は「医大が目標じゃなかったの？　なぜやめてしまったの？」と困惑《こんわく》するだけです。

逆に、「人の役に立ちたい」という志願理由を共有できていれば、そこを出発点にいくらでも目標を再設定できるのです。子どもが「そうだ、自分は大学でこれを学びたかったんだ」と再認識するためのいいきっかけにもなるはずです。

子どもと目標を確認し合う機会を持つ

目標がぶれる原因のひとつに、「楽なほうへの逃避《とうひ》」があります。これには耳が痛い人も多いのではないでしょうか。

楽なほうに逃避したくなるのは、人間なら仕方がないことです。しかし、その欲求は

「逃げたいなあ」という思いで終わらせておくべきであり、「じゃあ逃げよう」と結論づけるのはやはり避けてほしいと思います。子どもの場合は特に、です。

例えば、「大学受験の勉強が大変だから」という理由で目標を専門学校に変えたり、周りの友達に流されて何となく勉強をやめてしまったりということもあるでしょう。

自分は進学を決めて頑張っているのに、専門学校志望者や就職内定者が遊んでいる姿を見れば、つい自分も怠《なま》けたくなる気持ちはわかります。

なぜ自分だけが塾や予備校に行って勉強しなくてはならないのか、なぜ私だけが……と悲観的な考えにとらわれ、目標を忘れてしまうこともあるでしょう。

しかし、それが安易《あんい》な逃避という形で現れたときは、やはり親がしっかりと指摘《してき》してあげるべきだと思います。子どもの自由に任せると、どうしても安きに流れやすい。

これは偏見《へんけん》でも何でもなく、事実そのものなのです。

「高校なんか卒業したって自分の夢には関係ないよ、高校中退者だって成功している人はいっぱいいるじゃないか」と子どもに反論されるかもしれません。

しかし、それは安易な方向に流れたくて言っているだけのことですから、しっかり親が見極め、諭《さと》してあげなければいけませんね。

もちろん、学歴なんか関係ないくらいズバ抜けた才能があれば別ですが、才能というのは本人の思い込みにすぎないことが少なくありません。努力が伴うような夢であれば応援するべきですが、努力もせず、ただ夢ばかりを語っているようでは大成することは難しいでしょう。

コミュニケーションが大切だと何度も言っているのは、こういうときにしっかりと親子で対話できる環境をつくっておくためでもあります。

毎日のように将来の話や夢の話をするのはうっとうしいですが、月に1度、いや3カ月に1度、それも難しいなら半年に1回でもいいのです。何なら誕生日のときだけでもいい。親子で目標について話題にする機会を持ったほうがいいと思います。

第6章　「子どもの頭を良くする勉強力」の養い方

聞く力❶目的意識を持たせる

「聞く力」は全ての勉強法の根底となる力です。

授業内容の本質を聞き取る、対話のアンサーを聞き疑問を解消する、話を聞き相互理解を深めるなど、勉強におけるあらゆるシーンで「聞く力」が問われます。

司法試験予備試験に口述試験という面接試験があるのですが、このときも聞く力が必要になります。

多くの受験者が、試験に向けて「どうやってうまく話すことができるか」という点ばかりを訓練するのですが、実は「何を聞かれているのか」「試験員の質問の意図はどこにあるのか」を正しく聞き取って理解する力のほうが、ここでは必要とされているのです。話す力よりも聞く力のほうが面接試験の場で力を発揮するというわけですね。

聞く力を訓練するには、普段から目的意識を持って聞くことが重要です。

「この人は何を話しているのか」「そこから自分はどんな情報が得られるのか」をしっかり意識して耳を傾ける。人は自らが意識して欲《ほっ》した情報しか得られないものですから、ボーッとしていては何も得られません。

自分が意識していないと情報は得られないということを立証する例があります。

私が授業のときに着けていたネクタイの色を、生徒たちは3時間も私のことを見ていたにもかかわらず、覚えている人はほとんどいませんでした。意識してそれを見ようとしなければ、たとえ3時間見続けていたとしても全く記憶に残らないし、情報は獲得できない。そういうものなのですね。

聞く力を養うポイントをもうひとつ挙げましょう。

話し手が言いたいことを、受け手の側が要約すること。

つまり「要するにこの人は何を言いたいのか?」を確認しながら聞くことです。

うまい話し手はそれを意識しながら話を進めてくれます。「今日、お話をするポイントは3つあります」と冒頭で切り出したり、話の最後に「今日お伝えしたかったのは要するにこういうことです」とひと言添えてくれたり。

話のうまい人と対話する機会は、聞くべきポイントを見いだす力を育てます。テレビに出演している人の中にも、話のうまい人がいますね。そういった人たちの話しぶりを子どもに聞かせ、そのポイントを教えてあげるというのも、聞く力を育むうえでは有効なのではないでしょうか。

聞く力❷突っ込みテレビ観賞術

対話のような双方向性がない場合、全力で聞くということを皆さんはあまりしないかもしれません。

例えば、テレビやラジオなどから流れてくる音声は、ついつい聞き流してしまうものです。しかし、そういう場面にも聞く力を養うヒントはたくさん隠されているのです。テレビ番組にも全力で耳を傾け、時には相づちや突っ込みを入れてみる。これを親子でやることを、私はおすすめしたいと思います。

実は、私にはすでにそういう癖《くせ》がついていて、リアクションなしにテレビを見ることはほとんどありません。ニュースや討論番組だけではなくて、ドラマやバラエティ、ドキュメンタリー番組、コマーシャルを見ているときさえもそうです。普段あまりテレビを見ないので、チャンスがあるときには真剣に見てしまうんですね。

「なんでそんなつまらない番組を真剣に見ているの？」と家族から呆《あき》れられてしまうこともあります。

しかし、この番組はくだらない、つまらないと初めから思ったことは一度もありません。どんな番組でも面白いものです。バラエティでもコマーシャルでも、「作り手がどういう思いで作ったのか？」「こういうお笑いのネタはどこから出てくるのだろうか？」と、いろいろ考えると面白くなってくるのです。

だから、「ひと言で言えることを、なぜこんなに引き延ばすのかな」「もっと違う例を出せばいいのに」「これはもっと早い段階ですべき話なのに、今頃何を言ってるんだ」と突っ込みながら、全力で聞いているのです。

この〝全力視聴〟には、聞き方のコツを楽しく理解できるだけでなく、親子の会話が広がるという大きなオマケもついてきます。親子のコミュニケーションのためにも、ぜひ実践してもらいたいと思います。

伝える力●「要するに」何が言いたいのか

「伝える力」というのは、こちらが言いたいことを伝えるのではなく、相手が何を欲しているかを理解する力のことです。

前述したとおり、人は自ら欲した情報しか得られません。どんなに長く話してみても、相手が欲していなければこちらの本意を伝えることはできないのですね。一方的な発信で終わらせないためには、まずは伝えたいものを明確にする必要があります。

親子の対話の中で子どもにこのことを意識させるためには、子どもへ「要するに何が言いたいのか」を確認することが必要です。

子どもが何か言ってきたときに、しっかりと聞いてあげるのはもちろんですが、そのうえで「それはつまりどういうことなのか」と本意を確認するのです。

グズグズと同じ話を繰り返していたとしても、それを遮《さえぎ》らないで最後まで聞き、「今よく聞き取れなかったから、もう1回短く何を言いたいのか教えてくれる？」と返してみるといいでしょう。

「要するに何を言いたいのか？」を、親が上手に引き出してあげるのです。

そうすることで、子どもは自分の中で伝えたいポイントを整理してから口に出すことを意識するようになるのです。

考える力❶「なぜ？」と疑問を持たせる

「疑問を持つこと」は全ての学問の基本です。

もともと子どもは、疑問を持つ力を持って生まれてきているんですね。それを親が「そんなこと言ってないで」と潰《つぶ》してしまっては、子どもの「考える力」の成長を阻害《そがい》するだけです。

「なぜ?」という疑問を繰り返すことは、論理的に物事を考える力を身につけるためにも必要不可欠。

「なぜそうなったのか?」からスタートし、その根拠や原因を考え、それらの関係性を理解することこそ、論理的思考の基本構造なのですから。

例えば、子どもに「なんで勉強しないといけないの?」と聞かれたときも、「屁理屈《へりくつ》を言ってないで勉強しなさい!」などと言わずに、じっくり考えさせてあげるといいでしょう。

その際、勉強しなかったらどうなるかを子どもに考えさせると同時に、勉強したからできるようになったことも思い起こさせてあげると、原因から帰結《きけつ》への流れがスムーズに理解できるでしょう。

子どもがもともと持っている疑問力を潰さないようにするだけでなく、親のほうから「どうしてだろうね?」「なぜだろうね?」と疑問を投げかけてあげることも大切ですね。

考える力❷子どもに理由を説明させる

私の子どもがまだ幼い頃のわが家では、何かが欲しい、もしくは何かをしてほしいときには、その理由をしっかり説明させるようにしてきました。

ポケモンのフィギュアやゲーム機が欲しいと言われたときも、納得できる理由があるなら買ってあげると伝えました。

このときは確か、「友達みんなが持っているから」というのがその理由でしたが、さらに「どうして友達が持っていると欲しいの?」と私が質問すると、彼は深く考え出したんです。そこまで聞かれるとは思っておらず、回答を用意していなかったのでしょう。

その場でいろいろと思考を巡《めぐ》らせた彼からは、「仲間に入れてもらうために必要」「持ってないとカッコ悪い」という反応が返ってきました。それでも私はすぐには納得せず、「遊びに行って、友達から借りてやればいいじゃない?」と言ったり、「どうしておまえが持っていなくちゃいけないんだ?」とさらに突っ込んでその理由を聞いていました。

これは前項で説明した、「なぜ? なぜ? なぜ?」と3段階くらい掘り下げて問いかける癖をつけるための実践例です。

半《なか》ば強制的に実践する方法といえるかもしれません。買ってほしいものがあり、そのために親を説得しなくてはいけないのですから、子どもは必死に考えます。普段の会話で質問されたときよりもずっと深く、ずっと必死に原点に戻って理由を考えるでしょう。

ただ、ここまで深く追求しなくてもいいとは思います。子どもの反応を見ながら、できる範囲で無理せず実践してみることからスタートしていきましょう。

考える力❸視野を広げる地図・地球儀

「考える力」の根幹《こんかん》を成すのは、「原点に戻って深く考えていく力」と、「多方面に視野を広げて考える力」です。

視点や視野を広げるということは、立場が違えば考え方も違うということを理解することであり、すなわちそれが異文化の中で生きる力になります。

異文化の中で自分の考えを伝えたり、相互交流を図っていく力は、これからの時代に極めて重要なものになるでしょう。

「水平思考」という言葉をご存じでしょうか。

これは視点を移動することで思い込みや自分自身の枠《わく》を外し、物事を多方面から見る思考の仕方を指します。

水平思考をすることにより、初めて見えてくるものがあります。

例えば、意見が食い違ったとき。自分の視点に固執《こしつ》していたら落としどころを見つけることはできませんが、相手の立場や見方を意識すれば、相手とどう交渉し、どこに妥《だ》協《きょう》点を見いだすかの道筋を模索《もさく》することができます。

「視点を移動する力」というのは、あらゆる問題解決に応用が効く能力です。

世界地図を考えてみてください。日本で発行される地図では、常に日本が中心に配置されていますが、ヨーロッパ発行の地図では当然、中心にくるのはロンドンやパリ、ベルリンなどの欧州都市です。その地図を見れば日本が「Ｆａｒ ｅａｓｔ（極東）」といわれるのがよくわかりますよね。

また、日本の地図ではアメリカとヨーロッパが遠く離れて見えますが、それらの国や地域の地図を見れば、大西洋を挟《はさ》んで隣に位置していることに気付くことができます。

左頁（Ｐ．１３９）の地図を見てみましょう。そして今度は本書を90度逆さにしてこの地図を見てください。すると、朝鮮半島や中国大陸から見た日本は、太平洋の前に存在する壁にも見えてくるかもしれません。

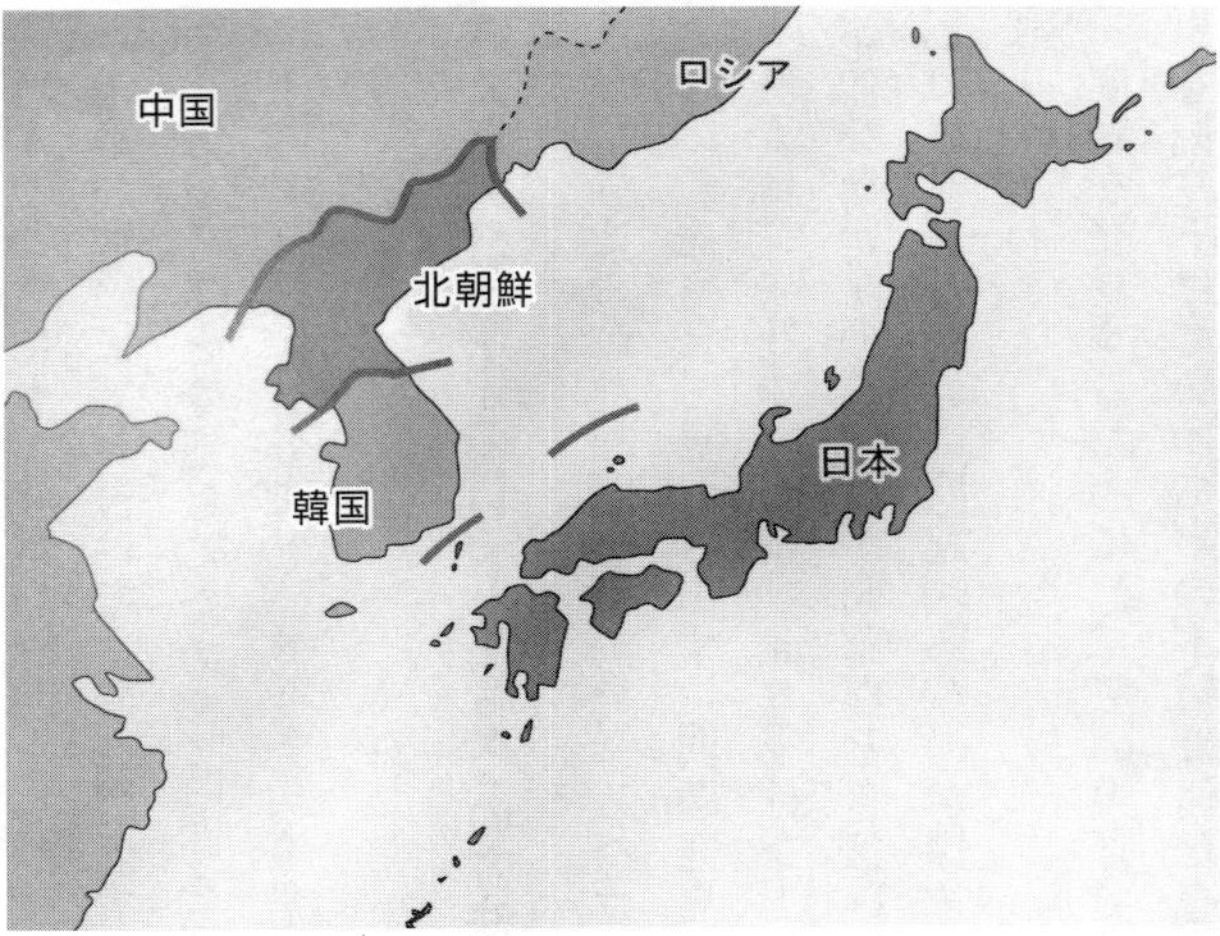

このように見る視点を変えることで、もののの見方や考え方がずいぶん違ってくることに気付くと思います。

だから、地図や地球儀は、視点を移動して思い込みの枠《わく》を外す習慣を身につけさせるためには、とてもよい教材になるのです。子どもには早い段階から地球儀を与え、別の角度から物事を見る癖や、裏側に視点を移動してみて初めて気付くことの楽しさを教えましょう。

立場によって物の見方や評価が大きく異なるということを理解できるでしょうし、その理解は将来の仕事や対人関係にもきっと大きな影響を及ぼすはずです。

以上のことを意識しておくと、子どもを

注意するときにも、非常に説明をしやすくなると思います。

「言葉づかいに気を付けて」の真意は、ひとつの単語が立場によって違う意味合いで受け取られることを避けるため。「時間を守りなさい」の真意は、遅れることで誰かを困らせないようにするため。水平思考を教えるチャンスは、あらゆるところに転がっているのです。

考える力❹考えを掘り下げる3つの方法

ただ与えられた課題を解決できるだけではなく、何が問題なのか、改善すべき点はどこなのかを考えて見つけ出す「問題発見能力」は社会人になれば必須の力といえます。

例えば、会社でいえば、売り上げを上げることが社員共通の目的です。なぜ売り上げが伸びないかの問題点が明確なときはいいのですが、世の中はそんなに単純なものではありません。どこに問題があるのか探すところから始めなくてはいけないときが多々ありますよね。

問題を発見するためには、広い視野で多角的に物事を見る「水平思考」と同時に、物事を掘り下げていって事の本質は何かを見つけ出していく「垂直思考」が必要です。

水平思考とその鍛え方に関しては前項で述べましたので、ここでは垂直思考の鍛え方について解説したいと思います。

垂直思考を鍛えるためには3つの方法があります。この3つの方法は、伊藤塾で私が学生たちに習慣づけるように常々言っていることでもあります。

1つ目は、「なぜ？ なぜ？ なぜ？」と3段階くらい掘り下げて問いかけること。

例えば、「なぜ漢字ドリルをやらなければいけないのか」と子どもが疑問に思っているとき、最初の答えは「たくさんの漢字を知っていないと読める本が少なくなってしまう」というようなものだと思います。

そこでさらに「なぜ、読める本が少ないといけないの」と問題を深堀りすると、「先人たちが一生かけて考えたことを短時間で吸収できるのが読書なのだから、読める本が少ないことは損なんだよ」などの答えが出ますね。

「なぜ昔の人が考えたことを吸収しないと損なの」となれば、「そこに知恵が詰まっていて、疑問に思うことや問題だと感じていることの解決方法を考えるヒントになるからだよ」などと答えることができると思います。

こうして掘り下げていくと、大きなテーマに隠された小さなテーマ、もしくは小さなテーマをその一部とする大きなテーマが見えてきます。

2つ目は、共通点と相違点を常に意識し、比較すること。

比較することは物事の輪郭《りんかく》をクリアにする作業です。ひとつの物事の本質を見極めるためには、比較分析することが必ず必要となってきます。実験などがその最たる例ではないでしょうか。すべての学問分野においてこの力が不可欠であることは言うまでもありません。

3つ目は「要するに」と要約して、ひと言で表現すること。

本章の「伝える力」の項でも説明しましたが、子どもの頃から要約する癖をつけておくことは、考えを整理し、考える力をつけるうえでとても重要なことだと思います。

因《ちなみ》に、プレゼンの場などで「そろそろまとめましょう」と言いながら、ダラダラと話し続ける人がいますが、それは頭の中で考えが整理できていないからなのです。

論理的思考力❶プラス方向かマイナス方向か

「論理的思考力」とは、関係性を理解する力のことですね。

「なぜそうなるのか（Ｗｈｙ ｓｏ）」「そうなったら次にどうなるのか（Ｓｏ ｗｈａｔ）」を考

えていく力ともいえます。

「どうしてそうなるの?」「この先はどうなっていくの?」を繰り返すことで、子どもは論理的思考力を身につけていきます。親は積極的に「Why so/So what」を問いかけ、子どもに理由や根拠を考える面白さを味わわせてあげましょう。

作文も論理的思考力を伸ばすチャンスです。

幼い頃は、順接と逆説だけでいいので、話の流れが同じ方向に進むのか、それとも違う方向に進むのか、そこだけでも接続詞の使い方を意識させるといいでしょう。

長文を書けるようになったら、子どもの書いた文章の論理の流れをうまく読み取って、接続詞の使い方をサポートしてあげてください。子どもは思いつきで文章を書きますから、「AしかしBけれどもCだがD」のように全てを逆接で並べてしまったりもします。

それを「AそしてCけれどもBD」のように、わかりやすい文章構造に直してあげる。この場合、逆接は1回で十分です。

そのためには、プラスの方向(テーマについて肯定する内容)とマイナスの方向(テーマについて否定的な内容)の対立する記述をうまく2つに整理する必要があることを教えましょう。

「プラス、マイナス、プラス、マイナス」のようにジグザグと文章の方向を行き来させるのではなく、「プラスプラス、マイナスマイナス」というふうに同じ方向性のものをまとめさせるのです。

こういったトレーニングを重ね、流れを整理する癖をつけることで、どんな子どもでも必ず論理的な文章が書けるようになります。

論理的思考力❷子どもの作文をチェックするポイント

子どもが書いた作文を添削するときには、「ここところは同じことを言いたいんだよね」「ここからまとめちゃったほうがいいね」と、子どもが自分の書いた文章を改めて整理できるような指摘をしてあげることが重要です。

そうやって親が客観的な疑問符を投げかけることで、子どもは論理構成がおかしくなっている箇所を「何か変だな」と感じることができるようになります。

とはいえ、作文を書く機会というのは、そう多くはありませんよね。

だからこそ、私がおすすめしたいのはやはり「日記をつけること」です。家庭で文章を書く練習をさせるとき、日記は最適なツールとなります。

字数を決めてその日の出来事について何か書くだけでいいのです。ただし、書きっ放しではあまり意味がありません。できるだけ親が見て、少しでもいいので感想を書いてあげるといいでしょう。ひと言コメント程度でも十分です。親のコメントがつくことで、書く楽しさも身につきます。

「ここはちょっとわからなかったな」というレベルのコメントでも十分ですが、子どものほうにまだまだ意欲と余裕がありそうなら、「数字や例え話などを加えて、もっと具体的に書いたほうがいいよ」などとアドバイスするのもいいでしょう。

しかし、あまり技術的な添削をやり過ぎてしまうと、かえって文章を書くことに苦手意識を持たせてしまうかもしれませんので、あくまで子どものレベルに合わせたコメントや添削方法を心掛けてください。

文章が苦手という親御さんであれば、感想のみで結構です。

子どもにとっては自分の思っていることや考えていることを文字にして、それを褒めてもらったという経験があれば、もうそれで十分嬉しいものです。

論理的な文章力というのは、多くの文章を書き、多くの文章を読むことで身につきます。そのためにも、書くことに対する抵抗感をなくしてあげるよう、親はサポートしてあげたいものですね。

読む力●絵本の読み聞かせ術

「読む力」は「読む気」を育てるところから始めます。

子どもが最初に出会う読み物といえば、絵本ですよね。絵本に興味を持てるか否《いな》かは、その後の「読む気」を左右する大きな分岐点《ぶんき》になると思います。

そのため、絵本の読み聞かせの際は、親にさまざまな工夫が求められます。リズムや声の調子を変えたり、聞き慣れない言葉や特徴的な擬音語《ぎおん》を入れたり。最初に絵本に触れ合う年齢では内容を理解できるわけではありませんから、音と響きを楽しいと感じさせればいいのです。

私の場合、日本語の絵本を外国語風に読み聞かせることをしていました。英語、ドイツ語、フランス語、韓国語、中国語……。もちろん、本当にその言語で読み聞かせたわけではありませんよ。イントネーションや語調を、その言語風に変えただけです。

同じ絵本を繰り返し楽しむ方法は工夫次第でいろいろありますから、内容がわかる年齢になったら、また違ったアプローチも試してみましょう。

例えば、絵本をもとに新しいストーリーを創作してみる。登場するキャラクターの役を親子で演じ合う。絵本に並ぶひらがなの文字を逆さに読んでいく「逆さ読み」もおすすめです。「ちゃんすになる」は「るなにすんゃち」。読んでいる親のほうが頭を使うのですが、子どもは非常に面白がります。

本の読み聞かせというと、どうしても書いてある内容、特に教訓的な話を理解させたいと考えてしまうものです。でもその前に「本を読むことって楽しいな」と思えるような、そういう体験こそをさせてあげてください。

読書の楽しさを子どもが知るようになったら、図書館や書店で好きな本を探す楽しみも教えてあげましょう。インターネット書店ではなく、実際にたくさんの本が並ぶ光景を目にするほうが、もっと読みたいという欲求にもつながります。

ちなみに、漫画に関しては、本を補うものと捉えるくらいがちょうどいいと思います。活字の書物の場合は、リニア（直線的）な情報を自分の頭の中で立体的にしていくことで想像力が鍛えられますが、漫画はイメージから情報を捉えますから、同じ効果はありません。

もちろん、漫画には容易に情報を獲得できるというメリットもありますから、そちらをメインの目的にし、副次的に学習漫画などを活用すると良いのではないでしょうか。

集中力●時間感覚を意識させる

「集中力」を養うには、時間に対する感覚を子どもに意識させることが重要です。

そのためには、何かをやるときに、やるべき中身と時間を決める癖を子どもにつけさせると良いと思います。

「どれだけの時間で、何をするか」

この2つを決めてから始めることの重要性を子どもに認識させましょう。

脳の仕事量というのは、エンジンと同様に「回転数×時間」という数式で表せます。

ここで言う回転数とは集中力のこと。仕事量は一定のままで、時間のみを短くするためには、回転数＝集中力を上げるしかありません。また、時間はそのままで仕事量を増やすとしても、回転数＝集中力のアップが必要です。

この構図からは、回転数、つまり集中力を鍛えるために必要な負荷《ふか》が見えてきます。すなわち、仕事量の増加、もしくは時間の短縮。この2つが重要なのです。

逆に言えば、何をするのかという目的や内容（＝仕事量）を決めずに、時間だけを決めて行う勉強というのは、ダラダラと散漫《さんまん》になるだけで意味がありません。

1日1時間、問題集を解く、と決めるだけではダメなのです。とにかく1時間勉強するだけだったら、何とはなしに時間が過ぎていくだけで終わってしまいます。これでは全く意味がありません。

「1時間で何ページやるのか」、そこを明確にしないといけないのです。

この問題集を3ページやりなさい、とだけ言うのもダメですね。10分でやるか、30分でやるか、1時間でやるかで、集中の度合いが全く違ってくるからです。この場合も、3ページをやり抜く時間を定めることが必要不可欠となります。

これは勉強に限ったことではありません。勉強だろうと何だろうと、何をどれだけの時間でやるのかという2つの条件をきちんと決めて取り掛かる。そういう意識を常に持たせることが大切なのです。

勉強の持久力●「あと5分頑張ってみよう」

負荷《ふか》をかけないと力が付かないのは、筋力も脳も同じことです。

しかし、負荷をかけすぎると、疲労がたまって持続できなくなります。持続力維持、持久力アップのためには、110～120％程度の適度な負荷を心掛けるべきでしょう。勉強をした後に、心地よい疲れが残る程度が適切です。

では、その適度な負荷とは具体的にどれくらいでしょうか？

キーワードは「5分」です。

伊藤塾の学生には「もうダメだと思ってから5分頑張れ」とよく言っています。問題集を一生懸命解いて、今日はもう疲れた、終わりにしようと思ってから5分。夜であれば、もう眠いから寝ようと決めてからあと5分だけ頑張る。この「あと5分」の癖が、頭の持久力を徐々にアップさせていきます。

子どもが幼い頃は、勉強以外のシーンでこの方法を実践してみましょう。

ピアノの練習でも、野球の素振りでも何でもいいです。ちょっと酷《こく》に思われるかもしれませんが、「もうできない」と子どもがギブアップしそうなとき、親は心を鬼にして「もう少しだけでいいから頑張ってごらん」と言ってあげると良いと思っています。

計画力●目標設定は小さなことから

社会人になると、その日のタスクを全部書き出し、その中で優先順位をつけて実行計画を立てることを毎日こなしていきますよね。

そして、一日を終えたときに、どれだけ実行できたかを検証して次の日のタスクにつなげていきます。これができる人は成長スピードが速いですし、その分周囲からの評価も高くなります。

勉強も同じです。また、勉強を通じてこの癖、すなわち「計画力」をつけておけば、社会に出てから役立つことは言うまでもありません。

では、具体的にどう計画力をつけるのかというと、それは目標を立てないことには始まりません。

目標を立てるときは、第1章で述べたように、一歩先を考えるために少し高い目標を設定しましょう。しかし、その目標はあくまで大きな単位での目標と捉えるべきですね。そこまでの距離が遠いと、達成までの時間がかかります。すると、その道半ばで飽きてしまったり、面白くなくなってしまうおそれもあります。

だから、その大きな単位の目標を達成するためには、どういう道のりをたどればいいかを細かく割っていって、小さな単位の目標をつくるのです。

例えば、「困っている人の役に立つ仕事をしたい」→「弁護士になりたい」→「大学

「定期試験の英語で90点以上とりたい」→「海外に留学したい」→「語学をしっかり身につけたい」→「定期試験の英語で90点以上とりたい」と。そのためには、「今月は新しい英単語を50個覚えよう」とか。

目の前の目標自体は小さくとも、それをひとつひとつこなしていくことで、最終的には大きな目標を達成できるようにする。これが理想的な形です。

たとえ小さくとも、その目標と今の自分、ゴールと自分という両者を明確に意識させ、そのギャップを埋めるためには何が必要なのか。それを整理し直す過程が計画力を養います。

もちろん、計画どおりにいかないこともあるでしょう。そういうときにどうリカバリーするかを考える経験も含めて、計画力を鍛える訓練となるのです。

子どもが計画を実行できなかったとしても、親はそれを叱るのではなく、もう一度計画を立て直すことの重要性を教え、その指示をしてあげてください。

継続力●三日坊主大作戦

三日坊主ってそんなに悪いことでしょうか。

私はそうは思いません。例え三日坊主でもそれを100回繰り返せば、100種類のことにチャレンジしたという経験と同じです。

特に気が多い子の場合、さまざまな分野に手を広げて、すぐ飽きてしまうということが往々にしてありますよね。それでも、やらないよりはやるほうがずっといい。どうせ始めても続かないからといって始めないよりは、ずっと良いと思うのです。

もしかしたらそのうち、何かハマるものが出てくるかもしれません。三日坊主のつもりでいろいろ始めたら、98個目で没頭《ぼっとう》できるものが見つかったというケースもあるでしょう。

だから親のほうも、三日坊主を楽しむという感覚を持ってみてはどうでしょうか？

継続こそが美徳という考え方もあります。もちろん、子どもが楽しいと感じられるものが見つかったなら、それをできるだけ長く続けて、きちんと全うさせるべきです。

しかし、誰かから押し付けられたものを続けることほど苦痛なことはありません。そのことは、親自身も、自分の経験を振り返ってみればわかるのではないでしょうか。

基本的に、子どもは親が思うようには育たないものです。

親が思いもしなかったものに子どもがハマるということも、よくあるケース。だから三日坊主でいいから、やりたいことを探すつもりでいろいろと試してあげればいいのです。

例えば、部活でも「一旦バレー部に入った以上、最後までやりなさい」というのではなく、「あと1カ月だけ続けてみなさい。それでも向いてないと思うなら、他の部活に変えればいい」などと柔軟に対応してあげてほしいと思います。

このように三日坊主を認めてあげることは、子どもが新しいことに挑戦する力につながるにちがいありません。

一度失敗してもすぐまた次に挑戦するというスピリットは、アメリカなどでは定着していますが、日本においては社会構造がそれを長い間認めてきませんでした。

しかし、最近では少しずつではありますが、失敗してもまたトライできる例が出始めています。

「100個挑戦して1個成功すれば上出来だ」くらいの感覚でいいのです。

継続力とは好きなものを見つける力と捉え、子どもが本当にやりたいものを親子で見つけていきましょう。

記憶力●繰り返し復習する2つのコツ

「記憶力」をつけるためにとるべき方法は、繰り返し何度も復習すること。

これに尽きます。

即効性のある目新しい方法を知りたい方もいるかもしれませんが、この基本的なメソッドこそが、最も確実で一番手っ取り早い方法なのです。

第5章で述べたように、幼少期には自分の好きなものを覚えさせることから始めればいいと思います。どんなことでもいいので、たくさん覚えるという下地をつくるのです。

小学校に上がると、掛け算の九九や漢字などを覚える訓練が必要になりますよね。結局はそこでも繰り返しトレーニングして覚えていくしか記憶の方法はありません。

ただし、ちょっとしたコツを意識するだけで、記憶の定着率はぐんと上がります。

1つ目のコツは、「人に話すこと」。

記憶というものは、人に話すことと、その声を自分の耳で聞くことによってより定着していくものです。声を出して九九を覚えたことを思い出してください。

また、ご自身が子どもの頃に家に帰ってから九九を親に披露《ひろう》した記憶のある人は、その経験を思い出し、子どもが学校から帰ったら「今日は何を勉強してきたの？」と聞いてあげてください。その日に学習した内容を思い出しながら話すことは簡易《かんい》的かつ効果的な復習となり、記憶を定着させるのに非常に役立つ効果があります。

２つ目のコツは、「感情と記憶を結びつけること」。

不思議なもので、間違えてしまった、恥ずかしかったなどの感情は、その場の記憶とともに特に強く印象に残ります。

だからこそ、子どもが間違えたとき、失敗してしまったときがチャンス。なぜ間違えたのか、なぜ失敗してしまったのかを一緒に考え、ビビッドな感情が消えないうちに正しい知識を頭に入れてあげましょう。

褒められたときも同様です。

これは、脳の中で感情をコントロールしている部分と記憶をコントロールしている部分がすぐそばにあるために起こる現象だと言われています。

いい点数を取って褒められた。答えがわかっていたのに勘違いして間違えてしまった。テストの点数が思った以上に悪かった……。このように子どもの感情が揺さぶられているときこそが、復習を行うチャンスなのです。

忘れる力●良い記憶を上書きする感覚

記憶に関してもうひとつ述べておきたいことがあります。

それは「忘れる力」についてです。

人間は「忘れることができるから生きていられる」のだと言われます。嫌なことまで全部覚えていたら生きていくのがつらくなるだけですからね。そうならないように、人間の知恵として「忘れる力」があるのです。

では、記憶する力と忘れる力は、意識してコントロールできるものなのでしょうか。覚えたいことはしっかり覚え、忘れたいことはすっかり忘れられたら、それは理想的なことでしょう。

親子で何かうまくいかないことがあり、けんかをしてしまったときも、それをいつまでも引きずりたくありませんよね。反省すべき点を反省したら、後はけんかのことは忘れて、いい思い出だけを記憶しておきたい。

しかし、そんなふうに都合よく記憶は働いてくれません。でも、忘れることが難しくとも、嫌な記憶の上に良い記憶を上書きすることはできます。

パソコンの機能で例えるならば、嫌な記憶をごみ箱に入れようとするのではなくて、その上に新しく良い記憶のファイルをつくり、上書き保存するという感覚です。

社会人同士の場合、お互いに意地を張り合ったりした場合、新たにいい経験を重ねる機会が来ても、お互いに躊躇《ちゅうちょ》してしまうこともあるでしょう。

しかし、親子の関係、特に子どもが幼いうちは後々まで引きずってしまうような深刻《しんこく》なケースというのはめったにないはずです。何か嫌なことがあっても、それを上回る良い記憶をつくって上書き保存してあげてください。

直感力●インプットと訓練が必要

私は学生たちに向かって「経験的知性」という言葉を使うことがあります。これは、いろいろな経験の中から得られた「知恵」のことを指す言葉です。

「直感力」というのは、この「経験的知性」を母体にして生まれるのだと思います。さまざまな経験の中から自分の内側に蓄《たくわ》えられたものを瞬時に引き出し、新しいものをつくりだす能力のことを直感力と呼ぶのだと言い換えてもいいでしょう。

だからこそ、直感力を鍛えるためには、まずはインプットが必要。

芸術でも思想でも技術でも、どんな分野においても、素材がゼロの地点から何かを創造することは不可能です。

あのピカソも、デッサンの基礎があって初めて、全く新しい手法を生み出すことができました。現代音楽だって、クラシックの基礎があってこそ紡《つむ》ぎあげられたものです。

また、直感力と同じものに「危険予知能力」というものもあります。

自分が痛い目に遭《あ》った経験や、テレビを見たり本を読んだりして得た「危ない目に遭《あ》った人がいた」「こういうことをすると危険なんだ」という知識の蓄積が瞬時に出てくることです。

ただ直感力と行動力はまた別物だと考えたほうがいいでしょうね。

記憶から知識を瞬時に引っ張り出し行動を起こすには身体を使った訓練が必要になってきます。

なぜ訓練が必要かというと、リスク計算が邪魔をして実際には行動に移せないことがよくあるからです。または、自分の直感を信じることができないために他人に流されて自分の直観に応じた行動ができないことがあるからなんです。

例えば地震対策が良い例。

「必ず来るよ」と再三警告され、自分でもいつかは大きい地震が来るだろうと思いながら、でもいつ来るかわからないから先延ばしにしてしまいがちです。また実際に地震が起きたときに、周囲の意見に流されずに自分の直感を信じて即行動できるかどうかはその時になってみなければわかりません。

ただし人間は訓練することで、そういった直感から行動への阻害要素を排除でき、瞬時に蓄積した知識から適切なものを取り出し行動することができるようになるのです。

本番力●ここ一番で力を発揮させるために

突然ですが、あなたのお子さんは本番に強いですか。

よく「あの子は本番に強い」「うちの子は本番に弱い」という声を聞きますが、本番に強い、もしくは弱い性質が生まれつきあるわけではありません。

本当はみんな緊張するし、怖さと闘《たたか》っているのです。

緊張の根っこには真面目さがあります。

親や周りからの期待が緊張やプレッシャーの源になり、真面目ないい子であればあるほど、失敗を恐れ、自分を追い込んでしまいがち。そんな真面目な子たちには、「人間というのは、誰しもここ一番でひるむものなのだよ」ということを教えてあげたら良いと思います。

例えばスキージャンプの選手だって、本番前は恐怖心にかられているといわれます。しかし彼らは、あえて自分の恐怖心を打ち消すことをせず、その怖さと向き合うことを選ぶ。それは、恐怖心がなくなったらケガをするリスクがあるからです。

また、逃げるのではなく、しっかり向き合うという意識を持つことのほうが本番に必要な力だと感じているからなのです。

彼らのように緊張や恐怖心と向き合うためにも、子どもには「緊張するのは当たり前。試験前には緊張しているほうがいい点数を取れるから心配ないよ」などと声をかけてあげてください。緊張はうまく力に変えられるのだということを言葉で伝えてあげてほしいと思います。

英語教育はいつから始めるべきか

子どもにいつから英語を習わせるかと悩んでいる親御さんをよく見かけますね。

私は英語教育の専門家ではないので、英語学習をさせるべきタイミングを明言することはできません。しかし、英語を勉強する前にこれだけは絶対だと思うのは、日本語の習得をしっかりするべきだということです。

きちんと日本語を使えるようになることを第一に考えなければ、どんなに英語の発音が良くなっても、バイリンガルになっても、頭が良くなることはありません。

考えてみれば当たり前のことです。

アメリカ人でもイギリス人でも英語はいくらでもしゃべることはできますが、全員が優秀かというとそんなことはありませんよね。

「言葉が話せる」ということと「頭がいい」ということは全く関係がないのです。

母国語で論理的に思考し、表現できるということのほうが大切であることを忘れてはいけません。言語というのは、論理的にものを考え、自分の意見を正しく伝えるためのコミュニケーションツール。絶対に母国語をおろそかにしてはいけないのです。

日本語できちんとした会話ができているか。正しい敬語が使えているか。論理的に話せているか。読み書きがどれくらいできるか。親子ともども日本語への意識を高めた生活を普段から心掛けてほしいと思います。

母国語勉強の重要性を大前提としながら、英語勉強の要《かなめ》についてお話しします。

私は、何歳から英語の勉強を始めさせてもいいと思いますし、ネイティブのようにきれいな発音を身につけさせたいのであれば習うのは早いほうがいいだろうとは思います。

ただ、別にネイティブのように発音することは必須条件ではなく、要はコミュニケーションがとれればいいのだということです。英語は単なるコミュニケーションの道具なのですから。そもそもアジアの人たちはそれぞれ独特の英語を話していますよね。

インド人の英語発音は「インターネット」が「アントルネット」と聞こえるほど日本人からすると聞き取りづらいのですが、不思議なことに意思疎通《いしそつう》は図れます。

日本人は「〝ジャパングリッシュ〟は聞き取りづらい」「LとRの発音ができていない」などと言われることを恐れがちですが、それでも特に問題はないのです。

欧米人のように流暢《りゅうちょう》で発音が素晴らしい英語をしゃべる必要などなく、きちんと伝えたいことが伝えられればいいのですよ。

国際社会においては、物怖《ものお》じしないで言いたいことを言える。このことのほうが、発音よりずっと大切で重視されることです。トラブルに見舞われたときでも、言いたいことがあれば日本語でまくしたててやるくらいの気構えがあるほうがいいと思っています。

第7章　敗者こそ勝者へのチャンスにつながる

35年前に書いたメモや答案を読み返す理由

実は私は35年前に司法試験を受けるときに書いていたメモ書きをまだ持っていて、今でもそれを時々見返したりしています。

それは、「問題は一字一句見落とすな」「条文読んで　基本が大切だ」「当たり前のことを当たり前に書いてくれればいいんだ」「本番の問題は答えがきれいに完結する　幾何《きか》学的に並ぶはず」「差をつけるには基本から　基本で差をつけられるな！　確認、再確認」など、何か気付いたことを小さなカードに書き出したものです。

当時は、気付いたことをこうして紙に書き出して、ペタペタと壁に貼っておくということをやっていました。

「1問2問取り違えちゃいけないぞ」「失敗してもできる人は落ちないんだ」「大らかに堂々と勝負すること」。

これらは司法試験の本番の日、合格をもらった2回目の論文式試験の前日に書いたものです。自分の中にあった不安やモヤモヤを全部紙に書き出して吐き出したのでしょう。不安だったから頭がグルグル回って同じことを書いたりしています。

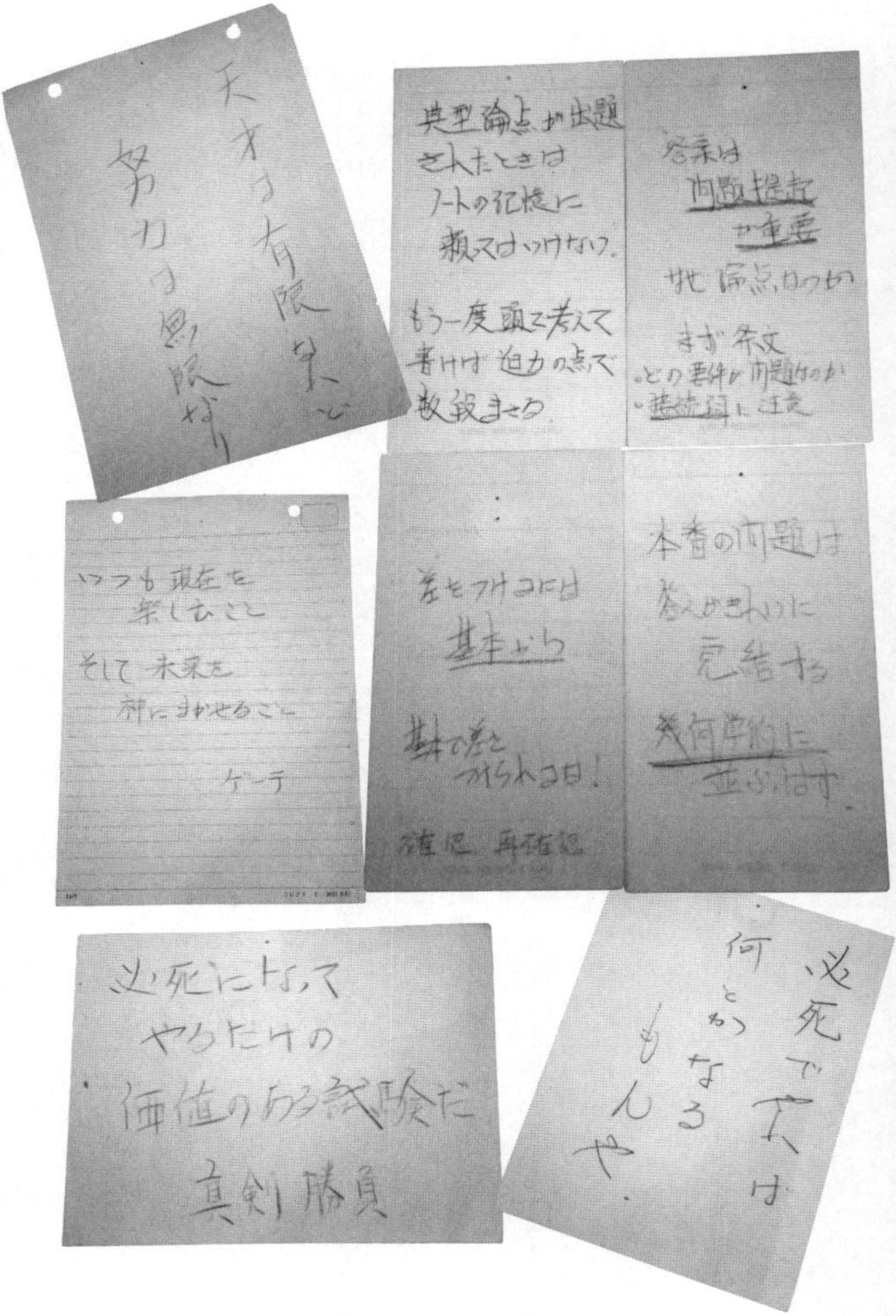

司法試験受験生のときに書いたメモ書き

他にも、不安や悩み、嫌なことなどを紙に書き出すということをしていました。時にはそれをクシャクシャっと丸めて捨ててしまう。そういう儀式をすることで、自分の中で解決を図るのです。嫌なヤツの名前を書いて踏《ふ》ん付けることもありました。一見ばかげているように思えるかもしれませんが、実は、このように形にするというのは重要なことなのです。

頭の中で考えていることを外へ出して可視化《かしか》する。可視化すると、吐き出した自分とは別のもうひとりの自分がその言葉を見ます。それでハッと冷静になれるものなのです。要するに、考えというものは頭の中にあるときは自分と一体化していますが、一旦自分の外に出してしまえば、客観視できる対象物になるわけです。

また、司法試験模擬試験の答案もとってあります。時々、伊藤塾の塾生にもそれを見せているんです。例えば、22点の答案。平均点は23・5点、合格点は25点なので、22点は出来が悪いということです。

一生懸命書いたつもりでいたのですが、22点でした。「全体として理解不足という印象を受けます」とか「再来」とか「頑張ってください」という採点者のコメントが書いてあるんですね。

また別の答案には「総論がダラダラ長すぎます」と書かれています。それもやはり22点の落第点。

「塾長は、最初から司法試験ができたような顔をして偉そうにしゃべっているけれど、実はみんなと同じようにダメだったところからスタートしている――」。そう塾生に思ってもらうために、私はこれらの答案を見せているんです。そうすることで、「何だ、塾長も最初はダメだったのか」と、みんなが自信を持ってくれるようになりますから。

今偉そうにしている人も、みんなそうやって頑張ってきたんだ。努力しないで合格した人なんかいないんだ。最高裁の判事だってこういう経験をしてきたんだ。そういうことを伝えるためにも、当時の私のメモ書きや答案はとてもいい教材になっているのです。

「スランプおめでとう」の精神

勉強や仕事でスランプに陥《おちい》ることがあります。

私は、司法試験の経験の中で、スランプや「もうダメだ」と考えてしまうのはどういうことなのかを、自分なりに定義してみようと思いました。

その結果、「スランプとは、努力に見合っただけの成果が得られていないと自分が感じている状態」であることがわかったのです。

この結論には、2つのポイントがあります。

まず、努力に見合っただけの成果、頑張っただけの成果が得られていない状態がスランプなのだから、努力をしていない人にはスランプはないということ。

つまり、スランプは努力の証なのです。悩むのではなく、むしろ「スランプおめでとう」と言ってもいいくらいです。スランプに陥ったと感じてしまっている人は、自分を褒めてあげるべきではないでしょうか。

もうひとつは、スランプとは主観の問題にすぎないということです。

「努力に見合っただけの成果が得られてない」と感じているのは、あくまでも自分自身です。実は結果が出ているかもしれないし、力が付いているかもしれない。それなのに、うまくいっていないと自分で勝手に思い込んでいる可能性があります。

こんなに勉強しても、どうせうまくいくわけがない、自分には無理だと勝手に評価を下して落ち込む前に、ちょっと考えてみてください。その評価を下している自分は、客観的かつ冷静に評価を下せるほど立派な人間なのでしょうか。

10年後の成長した自分が当時を振り返って、あのときの自分には無理だったなと判断するのであればまだ理解できます。しかし、未熟な今の自分が「俺にはダメだ」「私にはできない」と自分を評価するのは感心できないことです。

スランプで嘆いているような情けない自分が今の自分を評価することほど、おかしな話はありませんよね。それは将来の自分に失礼ではありませんか。

スランプは主観でしかないし、一方で努力の証というプラスの側面もあります。それを理解しようともせず、自分で評価を下す行為はしてはいけません。子どもならなおさら自分で自分にネガティブな評価を下してしまいがちですから、そのことを親はよく理解しておいてください。

スランプの原因を紙に書き出す

スランプには必ず原因があります。

スランプを乗り越えるためには原因を紙に書き出す。これがやはり有効です。悩み事、心配事などを紙に書き出して可視化するのはひとつのノウハウだと前項で述べましたね。

このノウハウを子どもの教育に生かすためには、例えば、試験が近づいてきて子どもが不安そうにしているときなどに、「なぜ不安なのか？」ということを紙に書き出させてみるといいでしょう。

「悪い点数を取って不合格だったら嫌だ。だから不安だ」というのなら、なぜ不合格だったら嫌なのかを、もう一度掘り下げて考えさせてみるのです。

そうすると、「自分だけ不合格だと格好悪いから」「親に申し訳ないから」などの、さらに一歩踏み込んだ理由が出てきます。

こうして自己分析を進めると、自分が不安に思っている原因は、大抵、大したことではないという事実が見えてきます。

例えば、子どもが「不合格になったら親に申し訳ない」と書いたとしましょう。いい子であればあるほど、こんなに応援してもらっているのに不合格になったらお父さんお母さんに悪いと思ってしまうものです。

そんなときは、「なぜ申し訳ないの？」と掘り下げた上で、親の気持ちを伝えてあげてください。親は子どもの幸せを一番大切にし、それを願っているということ。試験の合否と子ども自身の価値には何の関係もないこと。合否にかかわらず、そこから何を学ぶかのほうがずっと重要だということ。もし不合格でも、親に対し申し訳ないと思う理由などひとつもないということ……。

こう伝えることで、子どもはひとつ不安から解放されます。

「友達に対して格好悪いから」という理由なら、「どうして友達が受かって自分が落ちたら格好悪いの？」「じゃあ格好悪いというのはどういうこと？」「そんなこと関係ないじゃない。周りが何を思おうと、あなたはあなたでいいんだからね」「頑張ったのにうまくいかなかったとしても、そこからまたいろいろなことを学べるんだよ」などと言葉をかけてあげてください。

当事者である子どもはどうしても目の前の合格だけにこだわってしまうものです。だからこそ、親が一歩引いて見てあげる必要があります。

なぜ不安になるのか、どうして緊張するのかを根っこの部分まで一緒に掘り下げ、「仮に合格できなくても、頑張ったこと自体に意味があるし、その努力の過程が次に生きるんだよ」と、ちゃんと説明してあげればいいのです。

長い人生のレンジで見ると、「合格」と「不合格」はほとんど等価値。

そのことを親が理解し、目の前の合格だけが幸せの基準だという近視眼的な発想から解放されると、子どもはスランプを脱出しやすくなります。

不安や緊張といった漠然《ばくぜん》とした悩み以外にも、スランプの原因はあります。

例えば、英語の過去完了の文法が苦手だ、という子どもがいたとします。

その際、過去完了だけが苦手だと子どもが理解できていればいいのですが、この部分的な苦手意識を「文法が苦手だ」「英語が苦手だ」と繰り上げて、全体視してしまうこともあるんです。親はこの点を注意しなくてはいけません。

どこがわからないのか、苦手なところはどこなのかを特定し、整理させてあげることが重要です。

問題はそこだけなのだとしっかり自覚させること。「そういえば、過去完了は苦手だけど、間接代名詞は得意だった。あと、リスニングも結構好きだ」「攻略すべきなのは過去完了だけなんだ」と。

整理することで忘れていた楽しさややる気を取り戻してくれることもあるでしょう。

また、過去完了がよくわからないのは今だけかもしれない、ということも親は教えてあげるべきです。これから先もずっとわからないままということはあり得ません。子どもは一時的な苦手意識を「このままずっと苦手なのではないか」と思ってしまいがちですから。

例えばそれは、思春期になって大好きな人に振られてしまうと、このまま一生他の人を好きになれないのではないか、一生つらい思いをしていくのではないかと思って絶望してしまうようなことと同じです。実際はそんなこともなく、時がたてば解決するということを、ほとんどの大人は知っていますよね。

だからこそ大人は子どもにアドバイスをしてあげてほしいのです。

「苦手に感じていたり、悩んだり困ったりしているのは、今だけだよ」と。

ゴールにたどり着くプロセスこそ意味がある

「子どもの頭を良くする勉強法」の鉄則は、「自分で目標を設定して努力していくこと」に尽きます。このことについては今まで再三述べてきました。

ここでは、子どもが努力をしても目標をクリアできなかったとき、親はどう子どもと接すればいいのかを考えてみたいと思います。

子どもの人生において、中学受験や高校、大学受験に合格できなかったり、就職活動で第1志望の会社に受からなかったりということも、時にはどうしても出てくるでしょう。社会に出れば、自分が決めた目標を達成できない場面に何度も遭遇したりもします。

子どもがガックリきているときは、「ゴールにたどり着くプロセスこそ重要なのだ。努力する過程で成長することができた。それは今後の人生においてきっとプラスになるはずだ」ということを子どもに納得させなければいけません。

しかし、いきなりそんなことを親が言い出しても、子どもが納得してくれるとは思えませんよね。

だから、幼いときから、子どもに勉強や努力の過程自体を自分で肯定できるような癖をつけてあげるべきなのです。

間違っても、何か達成できなかったときに親が叱ったりしてはいけません。「頑張ったけれどできなかったね。そういうことってあるよ。でも頑張ってきたじゃない」と認めてあげることの繰り返しが重要です。

「じゃあ、今度うまくいくためにはどうしたらいい？」と問いかけてあげる。そして子どもが再び自分で目標を立て、チャレンジしていけるように親が導いてあげてほしいのです。

チャレンジ精神を育てるために

チャレンジし続ける精神は、勉強だけでなくスポーツを通じても鍛えることができます。

スポーツの世界は競争相手がいますから、どんなに頑張っても結果が出ないことがあります。必死になって頑張っても、予選で落ちてしまうこともちろんありますよね。でもそこに向かって頑張って練習し、鍛えることに意味があるのです。

もし子どもが試合に負けて帰ってきたら、あなたなら何て言葉をかけてあげますか。「頑張って力を付けたし、チームワークも良くなったでしょう？　そこに意味があるんだよ」と、しっかり目を見ながら教えてあげてください。

高校時代までスポーツだけをやってきた人の中には、勉強が苦手という人もいるでしょう。しかし、スポーツの世界で「結果が全てではない。努力の過程が大事なんだ」ということを学んだ子は、社会に出たときに賢い生き方ができるはずです。

一方、ただ先輩から言われたとおりに、苦しいだけの練習しかやってきていない。そのうえ、結果が全てという環境の中で過ごしてきた。そういう人は、何が身についたのかわからないまま社会に出ることになってしまいます。

スポーツに限らず、文化系の部活動でも同様です。

ブラスバンド部でコンクールを目指して必死に練習したけど、残念ながら結果が伴わなかった、あれだけ努力したのに報《むく》われなかった――こういう経験はとても大事です。「世の中、努力をしても報われないことがある。それでも努力はしなければならない。自分が大きく成長できたのは努力したからなんだ」と感じ取らせるチャンスなのですから。

「こんな勉強をしたって、どうせ受からない。だから努力はしない」と子どもが考え始めたとしたら……。

「確かに、どんなに勉強しても100%合格するという保証はどこにもない。でも世の中ってそういうものなんだよ。どんな世界でも、お父さんやお母さんがやっている仕事でも、頑張れば必ず結果が伴うなんていうことはあり得ない。でも頑張らなかったら先に進まないし、何も得られないんだよ」と諭《さと》してあげてほしいと思います。

大人になってからでも、大事な商談やプレゼンを前にすると、うまくやらなくてはいけないと、そのことばかりを意識しすぎてしまうものですよね。そんなときは、「仮に商談がまとまらなかったとしても、そこまでのプロセスをうまくやっておけば、必ず次の商談につながるのだ」と、そう考えてみてください。

勉強やビジネスに限らず、あらゆるシーンにおいて持続可能性を探り続けること――つまりチャレンジ精神を失わないことはとても大事です。

一歩先を見、次の一手を考え、負けてもタダでは起きない。そういう持続可能性の中で私たちは生きていることを親自身が認識し、子どもに教えていきたいものです。

努力することはダサくて無意味なのか？

最近は努力することに対して、「ダサイ」とか「無意味」とか、「やっても無駄」と捉える風潮が一部であるようですね。

また、「要領よくこなして頭を良く見せられれば、それが一番いい」と考える人がいるのも、残念ながら事実です。カンニングしようがテストでいい点数さえ取れればいい、論文もコピペすればいい、どんな手段を使ってでも成績や結果さえ良ければいい……。STAP細胞事件などもそういった風潮の典型かもしれません。

しかし、努力することなく、単に結果として学校の成績が良かったからといって、社会に出たら役に立つかというと、必ずしもそんなことはないですよね。

中学のとき成績が1番でした、高校は首席で卒業しましたと自慢しても、「昔はすごかったのですね」で終わりです。

子どもの頃は生活領域が狭く、視野も狭くなりがちです。どうしても学校の成績が自分を評価する基準となってしまうのも仕方ありません。そのため、それが全てだと思ってしまう子もいるでしょう。特に真面目な子ほど、そんな傾向があるかもしれませんね。

そうなると「適当にうまくやって結果さえ出せればいいんでしょ」という考えを持つ子が出てきてもおかしくはないですね。ある程度、力のある子であれば、手抜きをしても結果が出せるかもしれませんから。

しかしそれは、あくまで学校の成績という狭いレンジの中での結果です。ですから、高校で1番を取ったという結果など、世の中に出ても何の役にも立たないということを、人生の先輩である親が教えてあげなければいけない。

しかし、学校の成績は世の中で役になんか立たないといってしまえば、「ではなぜ学校のテストで頑張らなくてはいけないのか？」という疑問が子どもの中に湧《わ》いてきます。

そういうときには、幾度となく私が述べてきたあの基本的概念を教えてあげてください。

「良い点数を取って1番になることを目指す過程で人は成長するし、それが次に生きるんだ。人生は努力して成長して、次に生かす。その連続なんだ」と。

偏差値教育は本当に悪いのか？

偏差値教育は本当に悪いのでしょうか。

偏差値教育がダメだといわれるのは、ほとんどの場合がその教育に「プロセスを学ばせるサイクル」を取り入れていないからだと思います。つまり、結果でのみ合否が判断されてしまうことが問題なのです。

さらに、偏差値を上げる本当の意味を子どもに教えずに、とにかく数字的な結果を出すことに縛られてしまう。だから問題視されているのではないでしょうか。

偏差値を上げる本当の意味は、次のステップに進むことです。

つまり、偏差値というのは、本来、もうひとつ上を目指すための努力を測るものとして存在している。そのことを忘れてはいけません。

人生は「さあ、どうする？」の連続です。何歳になっても新しい課題にぶち当たり、それを達成すべく努力し、成長する。その繰り返しです。

だからこそ、自由にチャレンジができる子どものうちに、結果だけではなく、プロセスが大切なのだと学ぶことが大事なんですね。

目標を立てて、精いっぱい努力する。努力したけどうまくいかなかったならば「なぜうまくいかなかったのか」の原因を考え、次のチャレンジに生かして頑張る。このサイクルが身についていなければ、長い人生で何百回、何千回と現れる課題に対応することができません。

「結果が全て」の本当の意味

よく、サッカーの日本代表選手が試合に負けたときにこう言います。

「結果が全てですから」と。

この「結果が全て」というのは、要するに、選手自身が言い訳をしないという意味です。100％結果にしか価値がないという意味では決してありませんよね。

プロのスポーツであれば、例え負けたとしても、そこまでの過程で観客を楽しませているし、心を揺さぶるようなプレーもあったでしょう。だから勝たなければ意味がないということではないのです。

また、重要な場面でペナルティキックを外して、チームが敗退したとしても、そのペナルティキックを外したことで選手生命が終わるわけではありませんし、チームの存続意義がなくなるわけでもありません。必ず次がある。大切なのはこの失敗を次に生かすことですよね。

だからぜひとも、子どもとこういう話題を共有してほしいと思います。

「どんなに素晴らしい選手でも、あんなふうに結果を出せないときってあるんだね」

「今日の試合は負けたけど、あの選手に全く価値がないの？　人生終わりなのかな？　そんなことはないよね」

「チームがなくなるわけでもないよね。この結果を次に生かすことができれば、さらにチームは強くなるんじゃない？」

こう話してあげれば、選手のミスも、チームの敗退も、それが「結果が全て」と表現されたことも、人生における良い教材になるはずです。

学校の教材だけではなく、実生活の中に人生勉強の教材は山ほどあるのです。チャンスを見つけては、子どもにこういったことを伝えていってあげてほしいと思います。

結果偏重の思考回路から脱出する方法

社会に出れば、日々さまざまな問題を解決しなくてはなりません。乗り越えなくてはならないこともたくさんあります。一方、乗り越えられずにどんどん自分を責め、鬱《うつ》になって自殺してしまう若者もいます。

こういった悲しい事件が起こるのは、決して単純に考えることはできませんが、結果だけを見過ぎるあまり、結果のみに価値を求める思考回路になってしまうからではないでしょうか。真面目であればあるほど、そのような傾向が見られるようです。

たとえ精いっぱい努力をしても、うまくいかないことは必ずありますし、取り返しのつかないことが起きることもありますよね。そのときにどう立ち直るのか。失敗や挫折から何を得て、そこからどうリカバリーしていけばいいのか。

失敗した事実を変えることはできませんし、人間は過去を変える力を持っていません。

しかし、「その事実が持つ意味」を変える力は持つことができる。

なぜなら、意味は自分で与えればいいからです。

事実は変えられない。しかしその事実が持つ意味、自分にとっての意味は、自分自身でつければいいのです。

だから、その意味づけを自分でできるように生きることが大切。社会からの意味づけによって自分の過去を評価する癖をつけてしまうと、人間は確実に生きづらくなっていきます。

試験に落ちると、自分が世間の目から見て何の価値もない人間になってしまったと思い込む人もいるでしょう。

しかし、もちろんそれもただの思い込みにすぎない。自分が無価値か価値ある人間か意味づけるのは自分であって、自分が納得する生き方ができれば何も怖くはないのです。

このように考える力を付けることができれば、世の中に失敗というものは存在しなくなるのではないでしょうか。私はそう考えています。

「結果」より「過程」を重視する根拠とは

もし本当に「結果が全て」なら、人間が生きてきた結果は「死」ということになってしまいませんか。結果にしか価値がないというのであれば、人間は死にしか価値がないという理屈になりますが、それは違いますよね。

死は確かに結果ではありますが、その結果に向かう過程に意味がなければ、人は生きてはいられません。

「より善く生きる」ことは、「クオリティ・オブ・ライフ」などといった終末介護を意味する医療用語でも表現されますが、憲法ではこれを幸福追求権という言葉で表しています。

憲法第13条、幸福追求権に関する条文には、公共の福祉に反しない限り幸せの形は自分で決めていいし、その幸せを追い求めていいと明記されています。

ちなみに、〝幸福権〟については憲法で保障されてはいません。

何が幸せなのかは人によって違いますから、憲法で保障しようがないという考えのもと、〝幸福追求権〟は成立しているのです。

私たちは、人生という過程を大切にして生きています。人生という過程の中で、自分が決めた幸せをどう追い求めていくかを大切にしていると言い換えることもできます。

そんな信念を自分の中に持ち、結果にこだわらない「過程重視」の生き方ができれば、おのずと日々の小さな失敗も怖くなくなるのではないでしょうか。

日本人は〝不満〟に強いけれど〝不安〟に弱い

「日本人は、〝不満〟に強いけれども〝不安〟に弱い」。そう言われることがあります。日々の生活の中で、多くの日本人は強い不満を感じている。しかし、強い不満を感じたとしても我慢をしてしまうんですね。消費税増税などがいい例です。

しかし、そんなふうに不満に強い一方で不安にはとても弱い。

これは西洋人と全く逆の傾向といえるでしょう。

西洋人は不安に対して比較的楽観的です。神に守られているという宗教的観点から、あまり不安を感じないのかもしれません。

ところが不満は結構言うのですよ。「こうしろ、ああしろ」と声高に不満を口にするし、「政府は何をやっているんだ!」というような不満もすぐ行動に移します。

ではなぜ、日本人ばかりが不安に弱いのか。

その理由は、他人からの評価を気にしすぎる人が多いからではないでしょうか。

試験に落ちたら恥ずかしい、仕事でミスをしたらみんなに笑われる、ゴールを外したらみんながっかりする……。これらは全て、周りからの評価を勝手に想像し、勝手に不安を抱き、勝手にそれに負けているだけです。

前述しましたが、自分の行動が起こした結果に意味を与えるのは、他人の評価ではなく自分自身です。自分が納得する生き方ができれば何も怖くはないはずなのに、多くの日本人が不安に弱いというのは、そういった生き方をしている人が少ないという裏付けにもなるのではないでしょうか。

私の大失敗「ロー・スクール構想」

私自身、世間一般でいわれる大きな失敗やつらいことを体験し、それをプラスと評価するようにしてきた経験があります。

例として、ロー・スクールの立ち上げに失敗したときの話をしましょう。

ロー・スクールとは、２００４年から始まった制度です。その数年前には、施行に先駆け、全国各地の大学が法科大学院をつくる準備を進めていました。

それまで大学では行われてこなかった法曹《ほうそう》養成を担《にな》ってきたのは私たちという自負《じふ》がありました。しかし、大学でも法曹養成を行うようになってしまったら、自分たちの存在意義とは一体何だろう？　そう考えた私たちは、「我々も個性的なロー・スクールをつくればいい」という結論を導き出しました。

いろいろと検討を進める中で龍谷《りゅうこく》大学との連携《れんけい》の話がまとまり、文部科学省との調整も順調に進んでいきました。校舎も用意して全国から志の高い教授を集め、書類の準備も官僚との間の調整も済み、全ての要件を満たしたのですが……最後の最後の段階で不認可になってしまったのです。

どうやら、ロー・スクールの設置を認可する諮問《しもん》会議のメンバーの中に、私のことを快く思っていない大学教授がいたのが原因だったとも聞きました。理由はよくわかりませんが、とにかく「伊藤塾が大学の法学部の学生を減らす一因となった」と私のことを目の敵《かたき》にしていたこの教授により、私たちのロー・スクール構想は潰《つぶ》されてしまいました。

おそらく訴訟をすれば勝てたとは思います。そのときすでに億単位の資金を注ぎ込んでいましたし、前職を辞して協力してくれた先生たちの就職先もなくなってしまったわけですから。

その先生方の新たな就職先を見つけるのも非常に大変でしたし、パートナーとして私を信頼してくれた大学にも申し訳なくて……周囲には多大な迷惑をかけてしまい、もうとにかく大変だったとしか言えません。

さらに、伊藤塾は国から認められなかったという噂が瞬《また》く間に広がり、入塾申し込みのキャンセルが相次ぎ、入塾者数が激減して、経営的にも本当に厳しい状況に陥ってしまったのです。

自らの慢心に足元をすくわれる

理由は本当に理不尽《りふじん》なものですが、失敗は失敗です。やろうと思ったことができなかったわけですから、結果としては失敗としか言えません。

私は、後始末に奔走《ほんそう》しながら失敗の原因を考えてみました。

前述の教授の件も含めていろいろな原因を考えたのですが、結局、「〝日本一のロー・スクールをつくろう〟と言っていたことが問題だった」と思い至ったのです。

私には、「大学は何もやってこなかったじゃないか。法曹養成を担ってきたのは自分たちだ」という自負がありました。だから、「私たちが日本一のロー・スクールをつくるんだ」「教育内容でも合格実績でも日本一になるんだ」と声を上げていましたし、それを目指してやってきました。

しかし、そこに「私が、私が」という我があったな、と思い至ったのです。

本来は、学生や日本全体のことを考えなくてはいけなかったのに、「自分たちが日本一のものをつくる」というのが目的になってしまっていた。我を張る、簡単に言えば思い上がりや慢心のようなものが、根本的な失敗の原因だったのでしょう。

私は、この失敗から「何のために」「誰のために」という目的設定を誤ってしまうと、こうなってしまうのだ、ということを学びました。

しかし、「これはひとつの試練だし、チャンスなのだ」「自分たちが自分たちを振り返るためのきっかけをもらった」と考え直し、もう一度教育の原点に戻ることを決意したのです。

原点に戻るために、伊藤塾のビジネスモデルも変えていきました。

学生数が減り、600人規模の大教室の賃料も負担となりましたから、そこを手放し、当時登場したばかりのインターネットのストリーミングを使った個別指導スタイルに挑戦したんです。

「どこよりも先に最先端の技術を取り入れています。いつでもどこでもインターネットで勉強できます」というメリットを打ち出し、伊藤塾は新たなスタートを切りました。すると間もなく、少しずつではありますが、経営が持ち直し始めたのです。

まさに、ピンチがチャンスとなったんですね。

あの大きな失敗があったからこそ、教室をはじめとする物的なものに依存する体制からいち早く抜け出すことができましたし、インターネットを使うことで教育効果も上がりました。実際、合格実績もグンと上がったのです。

もし、あのとき私がロー・スクールをつくっていたら、そこに来た学生しか教えることができなかったでしょう。ところが、失敗のおかげで、私の教育対象は、日本中の学生に広がりました。

日本一のロー・スクール設立を考えていたときは、そこに来てくれた学生に対して良い教育をしたいと考えていました。しかし、日本中の学生を教えられるようになって、ようやくその考えの狭さに気付くことができました。

当時は、他の学生の存在が視野に入っていなかったのです。

鳴り物入りで立ち上がったロー・スクールも今はすっかり凋落《ちょうらく》しています。設立に失敗した当時の私はひどく落ち込み、なんて運が悪いんだろうと嘆いていましたが、後から振り返ってみると、実はものすごく幸運だったと思うのです。現在でも、あのときロー・スクールをつくらなくて本当に良かったと思っています。

私の事例からもわかるとおり、不運だと思う感覚は、そのときの自分がそのときの情報で勝手に決めつけているだけなんですね。時間がたって、自分が成長したり、環境が変わったときにもう一度評価し直すと、不運だと思ったものが実は幸運だったと、評価が180度変わることがいくらでもあるのです。

だから、そのときの自分が、そのときに与えられた狭い情報だけで不運と評価して、ガックリこないことが大切なんです。

私はロー・スクールの一件で多くのことを学びました。本当に修羅場《しゅらば》でした。だからもう何が起こっても怖くないという思いがあります。

また、今度何かが起こっても対応できるような危機管理をしっかりしておかなくてはならないということも、この経験から学ぶことができたのです。

敗者こそ勝者へのチャンス

「敗者こそ勝者へのチャンス」。まさにそのとおりだと思います。

ひどい目に遭《あ》って落ち込んでいるときこそ、本当は何がしたかったのかという原点に返ることができる。

私は、先に述べた失敗で落ち込んでいたとき、「本当はロー・スクールをつくりたかったのではなかった。本当は法教育をしたかった。本当は憲法を伝えたかった」と、改めて自分の原点に思い至りました。

「本来自分がやりたかったことは何か」「自分の幸せの物差しとは何か」というところに立ち返って考えてみると、それは「より多くの人に憲法を知ってもらいたい。より多くの人に本物の法律家になってもらいたい」という目的を達成することだったのです。

そのための手段としてロー・スクールがいいかなと考えを巡《めぐ》らせたのであって、ロー・スクールはあくまで手段のひとつにすぎなかったわけです。

失敗により、数ある手段のひとつは捨て去りましたが、原点を再確認できた今、自分がやりたいことは別の形でしっかり進めることができています。

私は皆さんに、「そもそも敗者と勝者は誰が決めるか？」ということを問いたい。

少なくとも、当事者であるそのときの自分が決めてはいけないというのは、私の体験した実例からわかってもらえたと思います。

何年後かの成長した自分が評価し直したならば、違う判断になるかもしれないし、状況や環境が変われればまた評価は変わってきます。

それが子どもならなおさらのこと。親も子も結果に対して即座に判断するべきではないと思うのです。小さな頃からいろいろな物事を乗り越える経験をしてきた子は、時がたつにつれ間違いなくたくましく成長します。

現在、あなたの子どもは勝者ですか？　それとも敗者ですか？

その答えは「どちらでもない」。

どちらになるかは子ども次第ですし、それは親であるあなたの教育次第なのです。

生真面目《きまじめ》な人こそ相手のせいにしよう

誰しも時にはつらかったり、うまくいかなかったりすることがあるものです。そういうときには全てを自分で引き受けないようにするべきなんですね。

よく「過去と他人は変えられないけれど、未来と自分は変えられる」と言います。人を変えることはできないけど、自分が変われば人間関係もうまくいく――相手に変わることを要求するのではなく、自分が変わればうまくいくのだという考え方ですね。

40代のときにロー・スクールの件でひどい目に遭った私は、それ以来不本意なことがあると、うまくいかない原因も、その原因をどう除去するのかも、全て自分自身で引き受けようとしていました。そして、自分をより成長させるために、自らを省みて、次はこう改善しよう、そうすればきっとうまくいくに違いないと考えるようにしたのです。

ところがあるとき、そうやって自分で全ての責任を引き受けるのは、思い上がった傲《ごう》慢《まん》な生き方なのではないだろうかと気が付いたのです。

自分がこうすればうまくいったはずだと思うのは、やり方さえ変えれば物事は自分の力で何でもうまくできるという発想と同義です。謙虚なように見えて、実は傲慢そのものに思えたのです。

自分さえ変われば、自分の力で何でもうまくいくなんていうことはあり得ません。自分の力ではどうしようもないことによって世の中は動いているし、人生を左右されることはいくらでもあります。

だからそれに気が付いてからは、人のせいにもしてみるということを身につけました。嫌なことがあったら、時々、あいつが悪いんだ、俺のせいじゃない、世の中が悪いんだと考えるようにしてみたのです。こう考えると楽になれますよ。全部自分で引き受けると、精神的に参って鬱《うつ》になってしまう。自己責任なんていう言葉がはびこっていますが、まさに現代の罠《わな》だと思います。

子どもが試験に失敗したときも、「あれは問題が悪かったな」あるいは「あの学校はおまえに合わないんだよ」と声をかけてあげるのはとても有効ではないでしょうか。

自分の力でどうしようもないことはたくさんあります。真面目であればあるほど自分が悪い、自分がああすれば良かった、こうすれば良かったと思ってしまうものです。

そうではなく、人のせいにすることも、時には自分を助ける。生真面目に考え込んでしまう人は特に、全てを自分で引き受けない生き方と、その術《すべ》を知っておくといいでしょう。

ただし、もともと他罰《たばつ》思考の人がこの考え方を乱用するのはおすすめできません。何事もバランスが重要なのです。

親子で挫折《ざせつ》を乗り越えるために

子どもが志望校から不合格通知をもらったときは、子どもを傷つけないよう、親の言葉選びもナーバスになると思います。かける言葉が見つからなくて、親のほうがうろたえてしまうことも往々にしてあるでしょう。

挫折を味わっている子どもには、一体何と声をかけてあげたらいいのでしょうか。

私は、「悔しいね」「残念だね」と、親の率直《そっちょく》な気持ちを口に出していいと思います。子どもと一緒に受験に対峙《たいじ》し、一生懸命努力してきた親なら、どうしてもその悔しさ、無念さがあふれてしまうことでしょう。親がそれを無理に抑え込むと、子どもも理性で自分の気持ちを抑え込もうとして、大丈夫なふりをしたりしてしまいます。

親の率直な気持ちを伝えるべきと書きましたが、言うまでもなく、子どもを責めるようなことは言ってはいけません。

「あそこで遊ばなければねぇ」「ゲームなんて買わなければよかった」「お父さんが言ったとおりやらなかったからだ」……。

一度口にしてしまったことは取り消せません。万一言ってしまった場合は反省し、子どもにきちんと謝意を言葉で表現してあげてください。

また、親が子どもを責めてしまうのと同様に、親が自分自身を責めてしまうこともあるでしょう。真面目な親であればあるほど、もっとこうしてあげればよかった、あっちの塾に通わせるんだった、あそこで家庭教師を辞めさせるんじゃなかった、などと考えてしまうものです。

しかしそうやって全ての責任を親が引き受けようとするのは、先に説明したように思い上がりでしかありません。

「あのとき自分がうまくやっていれば子どもは合格したはず」などと思うのは、自分の力を過信した傲慢な考え方だと私は思います。自分を責めても仕方がないのです。

そんなふうに思い悩む前に、「どんなときも、あなたを本当に大切に思っているし、愛しているよ」と言葉や態度、スキンシップで伝えてあげる必要があります。子どもが冷静さを取り戻したら、親子で一緒に次の目標探しをすればいいのではないでしょうか。

最初の司法試験に失敗

本章でロー・スクール設立に失敗したときの話をしましたが、それよりずっと前に、私はもうひとつの大きな失敗を体験しています。それは司法試験です。

ここから先は、不合格者がどれだけショックを受けるか、それをバネにどう次に生かしていったかの具体的な例だと思って読んでいただければと思います。

私は、司法試験に失敗する以前に、何か目標のために努力して報われなかったという経験をしたことがありませんでした。挫折や苦労を乗り越えてたくましく生きる姿を理想としていた私は、そのような経験がない自分にコンプレックスを抱いていましたし、司法試験に挑戦するにあたって、もし失敗したら相当ダメージが大きいだろうと想像していました。半年間必死で勉強した後、実際に不合格の結果を突き付けられたとき、かなりの衝撃を受けたことを覚えています。

東京・霞《かすみ》が関《せき》で合格発表があったので、地下鉄を降りて法務省の中庭まで歩いていって、当然あるつもりの自分の番号を探しました。しかし、いくら探してもその番号はなかったのです。おかしいな、何か間違えたかな……。もう一度受験票を見て、掲示板を見て、何度も何度も確認したのですが、やはり自分の番号がないのです。

もしかしたら掲示板の裏側にあるのかもしれないと思って見ても、裏側には掲示すらない。きっとこれは何かの間違いだろうと思って、もう一度地下鉄の出口からやり直そうと戻ったんです。さっきのは夢だと思いながら地下鉄の出口に戻って、もう1回そこから歩いていったのですが、やはりない。これはひょっとして本当に落ちたのかもしれない。そう思った瞬間から記憶が飛んでいるのです。

ふと我に返ったら、帝国ホテルの生け垣《いがき》の縁《ふち》に座っていました。その間の記憶がないので、どうやって移動したのかもわからない。そして我に返ったときも、目の前の光景が全部白黒に見えました。これは一体何だ、それこそ夢じゃないかと。

自分は不合格だった。「この人は不合格者」みたいなシールをおでこに貼《は》られているんじゃないか。みんながそういう目で見ているんじゃないか。ものすごい自意識過剰ですが、本当にそう感じていたのです。

住み込みの夜警をしていたのですが、部屋に帰っても昼間は1週間くらいは外に出られませんでした。学校に行ったら、合格した仲間に会うわけだし、あいつは落ちた、あいつは受かったという話は聞きたくありません。だから引きこもって布団《ふとん》をかぶってふて寝をしていたのです。そのときに、どうして落ちたのかを考えてみました。

私は司法試験のために、日本に存在する全ての問題をやれば受かると思って準備をしていました。過去の合格者の体験記を全部コピーし、合格者がやったことを全部分析して書き出しました。日本に存在する問題を全部完璧にできれば受かるだろうと思い、本屋さんに行って、日本で売っている問題集を全部買ってきました。全部解いて、もう絶対大丈夫だと思って受けて落ちたので、理由が全くわからない。

その時点ではなぜ落ちたのか、その原因にたどり着くことができなかったので、私が受けた試験の問題の答え合わせをしてみました。

確かにやったことがある問題は全部正解していたのですが、中には見たこともない新しい問題が出ているわけです。そこを間違えていたんですね。

「何だ、こんなところまで出るんだ。ここまで勉強しておくべきだった。それをやってなかったから落ちたんだ」と、とりあえず理由がわかったので、来年に向けて今回間違えたところの勉強をしっかりやろうと考えたのです。

しかし冷静に考えてみたら、そこまでやったとしても、来年にはまた新しい分野から見たことのない問題が出るだろうということに思い当たりました。そしたらまた落ちるのではないか？

ということは、どこまで行っても追いつかないじゃないか、と気付いたのです。

「司法試験というのは足を踏み入れたら地獄だぞ。泥沼だからな」と先輩や親に止められた理由がこれなんだと思って、ゾーッとしました。

これは参った、もうやめようとも思いました。

しかし、そのときにたまたま部屋にあった『ソクラテスの弁明』という本をパラパラ見ていたんですね。その中で、ソクラテスが毒をあおって死ぬ前に「死は禍《わざわい》ではなくて善いことだ」と説明するシーンがありました。

そこでソクラテスは、「死後の世界がもしあるのならば、そこで先輩たちと会えるから幸せだ。死後の世界がもしないのならば、何もないんだから、自分も存在しないし、怖さを認識することもない。夢さえ見ないほど熟睡できるのだから幸せだ。つまり死後の世界があってもなくても、どっちにしろ幸福だ」という旨の言葉を弟子たちに投げかけたのです。

ソクラテスは最後に毒をあおって死ぬのですが、その直前に彼が言ったことが深く記憶に残っています。

「ここで死んでいく私と、これから生きながらえるあなたたちと、どちらが幸せで、どちらが不幸かわからないよ」

この言葉が私にひらめきを与えてくれたのです。

試験答案作成中の大失態

ソクラテスの言葉自体は「何が幸せかなんてわからない」というようなイメージで読み取ったのですが、そのときにふっとひらめいたのです。

そうか、試験に出る問題は2種類しかない。知っている問題か、知らない問題かのいずれかだ。本番では必ずこの2種類の問題しか絶対出ないんだと気付いたのです。

それまでの自分は知っている問題の数を増やすことが大事だと思って一生懸命勉強していたけど、そうではない。知らない問題にどう対処するか。その対処法を押さえておけば100％解ける。知っている問題の数を増やす勉強は、勉強量や時間に比例するわけですから、どれだけ時間がかかるかわかりません。

でも必ず知らない問題は出ます。知らない問題への対処の仕方さえ押さえておけば、知っている問題の数を増やす必要がないから、勉強時間が短縮できます。

だから、これからは知らない問題に対処する方法を1年間かけて考えよう。そういうふうに勉強の方法を大きく変えたのです。

未知の問題が出たらどうするかを考えて、十分にその対処法を準備したため、私は本番が楽しみで仕方がなくなりました。友達は予想問題が当たるかどうか、ヤマをかけたところが出題されるかどうかとビクビクして試験を受けていましたが、一方の私はわくわくして試験を受けることができたのです。

1日目の憲法と民法の答案は、1番で受かるぞと確信するほどばっちりでした。

そして2日目の商法も完璧。

しかし、同日の刑法の試験のときに、つい油断したのですね。問題文を読み間違えてしまったのです。7分くらい前に書き上げ、出来に満足しながら念のためと問題文を読み直していたところ、全く違う話と読み間違えていたことに気付きました。あっ!と思った瞬間、頭が真っ白になって背中に冷たいものがスーッと走ったのです。

冷や水を浴びせられるという言葉があるのですが、本当に背中に冷たいものが走ったのですよ。これは大変だ。直さなくちゃ。あと7分しかない。どうする? パニックになって、手が固まって動かない。左手で押さえてガンガンと、机に叩きつけるようにほぐして、何とかペンを持てるようになって、そこからまた記憶がないんです……。

次に気づいたのが、答案回収の係の人が「いい加減にしなさい！」と耳元で叫んでいるシーンです。そこで我に返って「以上」と書いた途端《とたん》に、パーッと持っていかれてしまった。何を書いたかわからない。これはダメだ、いかに自分が思い上がって油断していたのか、悔《く》やんでも悔やみきれません。どこをどう直したのかも記憶がないくらいですから、また落ちてしまうと思いました。

試験は4日間あったのですが、2日目を終わったところで、もう何も喉《のど》を通らない状態になってしまいました。何か食べても戻してしまう。それでも何とかしなくてはと、翌日も頑張って試験会場へ行って、書くだけ書いて……。

そんな状況でしたが、結果的に合格はしました。1番は取りそびれましたけれども、かなり上位の成績で合格できたようです。

絶望的だと思っていた刑法よりも、むしろその翌日に受けた科目の成績のほうが悪かったのです。このことから私は、「ダメだと思ったときでも本当にダメではないのだ」「むしろ、精神的ショックを引きずり、次に生かそうと思えなかったから翌日の成績のほうが悪かったのだ」と理解することができたのです。

第8章　子どもが社会の中で幸せに生きる知恵

親が教えるべき「社会の仕組み」

親が子どもに教えることができることのひとつに「社会の仕組み」があります。

社会がどういうふうに出来上がっているのかを教えてあげることは、子どもが広い視野を身につけるためにも、自分自身で幸せな生き方をデザインしていくためにも、とても大切なことです。

社会は自分と他者から出来上がっていて、社会という仕組みの中では自分以外は全て他人なのだということ。自分のことしか考えない自己中心的な生き方をしていたら、広い社会を構成する全員が敵に回る可能性があるということ。困ったときにも誰も助けてくれなくなってしまうということ。そんな状況で幸せな人生が送れるわけがないということ。この全てを少しずつ教えてあげなければいけません。

しかし、社会というものは目に見えない概念《がいねん》ですから、子どもにそれを教えることはなかなかに難しい。だから、いきなり社会の話をするのではなく、なるべく子どもでも想像しやすいシンプルな例をいくつも出して、イメージをつかみやすくしてあげてほしいのです。

社会の仕組みを学ぶ中で特に伝えたいのは、社会における利他《りた》の生き方です。仏教的にいえば慈悲《じひ》の精神ですが、キリスト教ではそれを愛というのかもしれません。

そういう生き方が自分の幸せにつながるのだと教えるためには、「困ったときには他の人の助けが必要だよね。それには他の人のためになることを何かしてあげないといけないよね」と子どもの友人関係や親子関係を例に出して、少しずつイメージを固められるようにしてあげましょう。

遠回りに思えるかもしれませんが、実体験とリンクさせて理解させてあげることが、実は一番近道の方法なのです。

利他の心や愛の感覚を持たせたい

他者のために何かをすれば、してもらった人は感謝の気持ちを持つようになります。感謝の気持ちを持った人は何かお返しをしたいと思うものですし、感謝の気持ちを伝えるためにはあらゆる手段をとって頑張るものです。

だからこそ、自分が利他《りた》の心を持って何かいいことをすれば、それがぐるりと回って自分に返ってくることがある。これが社会の面白いところです。

社会というのは自分以外はすべて他者ですから、その中で自己中心的に生きていくというのは、自由なように見えて実は極めて不自由です。

逆に、他者を味方につける力を持っている人は、何をやるにしても非常に強い。つまり、社会で強く生きるためには、他者を味方につけておくに越したことはないんですね。そのために必要なのが、前項から述べてきた利他の精神であり、そこから派生した利他のための行動なのです。

日本には「情けは人のためならず」という言葉があります。「情け」を人にかけると最終的には自分に返ってくる、だから情けは人のためじゃない（自分のためになる）という意味のことわざです。

このことわざを教えてあげるのもいいですね。実際に、他人のために一生懸命頑張ったことで、自分自身の利としてそれが返ってきた経験があったならば、そのエピソードをぜひ子どもにあますことなく話してあげてほしい。

親自身の体験談は、子どもにとって何にも勝る教科書となります。

利己的な思いを抜きにした行動によって感謝されたことや嬉しかったことなど、今までの人生を思い返して該当する体験を掘り起こしてみてください。そのときは気付いていなかっただけで、今思い返すと当てはまるというような経験もたくさんあるはずですから。

人はひとりでは生きていけない

「何があっても生きていける」という自信は必要です。

しかし、「人はひとりでは生きていけない」という事実も忘れてはいけません。

人間というものは無限の可能性を持っているけれども、ひとりの人間の力は小さく、個人でできることには限りがある。

個人の力ではどうしても抗《あらが》えない大きな流れのひとつに、命の消失があります。大切な人やペットの死に無常を感じることで、子どもは個人の限界を理解します。

個人の小ささを理解させるためには、旅先で大自然に触れさせるのもいいかもしれません。景色の雄大さの中で自分の存在の小ささをサイズとして実感できるだけでなく、そこに積み重ねられた圧倒的な歴史に触れることで、時間軸から見たときにどれだけ己が小さな存在であるかも感じ取ることができる。

これらの体験は、謙虚に自分の存在を見つめるきっかけにもなります。大きな流れの中で人間という生き物は非力なんだと理解すれば、人間同士手を取り合って生きていかねばならないことも容易に理解できるでしょう。

それがわかれば、自己中心的に考えるより他人のために何かをやってあげるほうが、社会の、ひいては自分のためにもなることが納得できるはずなんですね。

このような人間理解によって、「人はひとりで生きてはいけない」ということを子どもは学びます。同時に「それなら、どうやって生きていくか」を考え、自立できる力をも身につけていくのです。

「運を味方にする人」に育てる

困っているときに、誰かがふっと助けてくれたという経験はありませんか。

それは単なる偶然ではなく、実は過去の自分がまいた種が実っただけなのです。

いろいろな人との関係を良好に維持するとともに、新たに幅広い人間関係をつくることを熱心に、意識的に取り組んでいると、いつかその成果が必ず表れます。

そこには間接的に因果関係が成り立っているのですが、実際何かいい話が転がり込んでくると人々はそれを「運が良かった」と感じるでしょう。

そのため、一見すると運良く偶然のチャンスをものにしたように見えますが、実際のところ、その成功は偶然ではなく必然なんですね。

「世の中で成功している人の8、9割は運だ」「成功は偶然の産物なんだ」などといわれることがありますが、それはつまり「偶然を自分の味方にする方法を知っていた」「その努力を重ねていた」ということなのです。

偶発的なチャンスを招くための人間関係は、アメリカで「ルーズタイ」と呼ばれるような緩《ゆる》さがあることが望ましい。

さまざまな点で共通項がある似た者同士の付き合いだけでなく、幅広く、より多くの他者を味方につけることが、運を味方につけることにつながるのです。

他人に信用される人とはどんな人か?

「アイデンティティ・キャピタル」という言葉をご存じでしょうか。

この言葉はすなわち、自分の人間性を高め、人間的な魅力を増やしていくことが自分の資本になるのだという考えのことを指します。

お金をどんなに貯《た》めようが、出身大学の偏差値がどんなに高かろうが、この「アイデンティティ・キャピタル」を蓄《たくわ》えておかなければ、他人に信用される人間にはなれないでしょう。

この概念を子どもに理解させるのは、少し難しいことかもしれませんね。概念自体はおいおい理解してもらうとして、子どもが幼いうちは、人間的な魅力の基礎を教えていけばいいと思います。

それは笑顔であったり、きちんと挨拶《あいさつ》ができることであったり、しっかり人の話が聞けたり、わかりやすく人に話ができたりという、基本的な言動にあります。

さらにいえば、深い思考能力、広い視野、学びへの意欲や前向きな気持ち、挫折から学べるたくましさなども含まれています。また、次の項で述べる「変化に対応できて、他者と共感できる力」も人間的な魅力につながります。

他者を味方につけ、運を味方につけるためにも、これらの魅力を形成していくことは欠かせません。

人間力は人生の資本。それは何物にも替えることができない。結局のところ、人間力がある人こそが「頭の良い人間」といえるのではないでしょうか。

ヨーロッパの学校教育の目標とは

異質の集団の中で他者と関わることは非常に大事なことです。

そこでは、仲間内だけで通用していた言葉や態度、考えなどが通用しません。

そのため、自分の思いを伝え、相手を理解し、交流するために必要なコミュニケーション方法を模索するしかありません。

この試練が「変化に対応する力」と「共感できる力」を養う。

ヨーロッパ、特に北欧の教育では、そういう異質の集団の中で相互交流できる子どもに育てることがキー・コンピテンシー（主要能力）として学校教育の目標になっています。

ヨーロッパ圏は、多くの民族、宗教、言語、国籍などが混ざり合った異質で大きな集合体ですからね。数え切れないほどの差異であふれる中、いかに他者を理解し、自分を理解してもらうか。そのための教育と語学が絶対的に必要なのです。

ヨーロッパのアスリートやスターは英語でインタビューを受けて、英語で自分の気持ちを表現している姿をよく見ますよね。

世界で活躍しているから英語を話せるということではなく、学校教育のカリキュラムの中に、語学教育を含めたコミュニケーションスキルを伸ばすための教育がしっかり組み込まれているのです。

しかし、日本の教育には、そういったカリキュラムはありません。

では、どうすればいいのでしょうか。

次の項ではそのことについて考えてみたいと思います。

異質な空間に子どもの身を置かせる

ヨーロッパで取り組まれているような、異質な集団の中で相互交流するための教育を日本で行うためには、学校以外のところに目を向けなくてはならないでしょう。

同じ地域の中で少し年の差のある友達をつくってみたり、趣味でつながる同好会やサークルに参加して、他の学校の子どもたちとつながってみたりするのもいいですね。他校から生徒が集まる学習塾や習い事に参加するのもいいと思います。

まずは、そういうところに子どもの身を置くところから始めてみたらどうでしょうか。

現在、生徒数の減少した公立小学校では、中学進学まで全く交流の輪が広がらないというケースがままあるようです。クラス替えをしても知った顔ばかりで、ゼロから人間関係を構築する機会があまりないようなのですね。

さらに、公立中学の学区が同じ場合は、変わらぬメンバーのまま小学校入学から中学校卒業までの9年間を過ごすことになります。仲間内でだけ通用する言葉、態度、考えのままで9年間を過ごすのは、視野を極端に狭めるおそれがあると私は考えます。

それを避けるためにも、子どもが交流できる場を親がつくってあげなければならない。

一方、小学校卒業後に私立中学に入学した場合はどうでしょうか。

私立中学に入ると、確かにゼロベースで人間関係をスタートすることができる。しかし、同質的な家庭で育った子どもたちが集まるために、やはり限定された狭い世界になってしまう可能性があります。

その場合も、学校の外の世界に目を向けられるような普段とは違った経験をさせてあげられるよう、親がサポートするべきではないでしょうか。

最近はLINEやフェイスブック、ツイッターなどのSNSで友達をつくる子どもも多いのですが、結局そこでも同じグループになるのは趣味嗜好《しゅみしこう》や家庭環境が同じタイプの子ばかりのようです。

確かに、子どもにとっては同質的な人の中にいたほうが心地いいし、安心だし、楽ではあります。それに比べて、異質なものと触れ合う機会は、どうしてもストレスになってしまいますよね。

しかし、思い切って、そういうところに子どもを放り込んであげるべきなのです。それができるのは親であるあなたしかいません。

大人がいる場に子どもを同席させる意味とは

子どもにさせる経験は多ければ多いほどいいと思いますが、その中でも今最もすべきことは異文化交流だと私は断言します。

すぐに思いつく異文化といえば、外国です。機会がある限り海外旅行には連れて行ってあげてほしいですし、外国人に人気の国内スポットで観光旅行者と交流の機会を持つことも有意義だと思います。

海外の文化を知ることができる映画やドラマ、本や音楽なども、子どもが興味を持つ限り与えるべきでしょう。

また、もっと身近な例でいうと、大人の世界も子どもにとっては異文化です。

先生やママ友ではない、両親の友人や知人と触れ合えたとき、そこから子どもが受ける刺激は計り知れません。

子どもの成長の度合いにもよりますが、少しの時間でもいいからたくさんの大人がいる場に子どもを同席させて、見ず知らずの人と話をさせてみてください。

親が何か話しかけても「別に」で終わってしまう会話も、子どもの扱いがうまい大人が相手の場合だと積極的になることがあります。

一昔前の日本では、家におじいちゃんやおばあちゃんがいて、さらに盆暮れ正月ともなるとたくさんの親戚《しんせき》が出入りしていたものでしたが、今はそんなケースも少なくなりました。

親としてできることといえば、かつてのように親戚を集めたり、客を呼んだりして、一緒に食事をする機会をつくることでしょう。さまざまな話を見聞きすることで、子どもの見識《けんしき》は広まりますし、コミュニケーション能力も高まるはずです。

そして何より、自分と異なる文化に身を置く他者を理解し、共存していくたくましさを培《つちか》うことができるのです。

今、EQが高くないと就職できない⁉

ＩＱは知能指数、一方のＥＱは心の知能指数のことです。

心の知能とは、他者に共感したり、自分の感情をコントロールする能力のこと。

どんなにＩＱが高くても、ＥＱが低いとその能力は十分に発揮できないといわれています。

感情というのは脳の中で理性や知性を司《つかさど》る部分とも密接に作用しています。そのため、感情をコントロールできないと、知的な部分も影響を受けることになります。

どんなに知性にあふれる人でも、カーッと頭に血が上ると冷静な判断はできません。

ＥＱが低いと能力が発揮できないというのは、そういうことなんですね。

ならばＥＱを高めるためには、どうしたらいいのか。

それは感性・感受性・共感力などを育てていくことです。そういう点で考えると、ＥＱとは前述しました人間的魅力、すなわち「アイデンティティ・キャピタル」を支える一要素だともいえるでしょう。

感性・感受性・共感力は、社会において他者と接するときに不可欠となる力です。

話を相手がしっかりと受け止め、理解を示してくれただけでなく、一緒に涙まで流してくれたら、この人に話して本当によかったと感謝するにちがいありません。そんな大げさなことでなくとも、相手の気持ちを慮《おもんぱか》ることができれば、人間関係はより強固になっていくものです。

「勉強には自信があります」「知能指数が高くて偏差値もいいので、何でも覚えていますし、頭の回転も速いです」という人もいます。それで良好な人付き合いも得意ということなら問題ないのですが、そうではないとしたら社会の誰からも引き立ててもらうことはできません。

一匹オオカミで済む職なら、引き立てがなくとも円滑《えんかつ》に仕事を進められることもあるかもしれません。

しかし、世の中の仕事のほとんどはチームや組織で進めていくものです。他者の気持ちを理解する感性・感受性・共感力がなければ、どんな職に就けるというのでしょうか。また、どんな幸せが得られるというのでしょうか。

ＥＱは感情をコントロールする力

では、子どものＥＱ、すなわち感性・感受性・共感力はいかに豊かに養っていくべきなのでしょうか。

これには学校の勉強で得る知識とは別の訓練が必要だということを、親は認識したほうがいいでしょう。いわゆる勉強とは別に、意識的にＥＱを養っていく必要があります。まさにそれができる場が「家庭」です。

そのためには、いろいろな音楽を聴かせてあげたり、旅行に連れて行っていろいろな場所を見せてあげたりして、感情や感性を刺激するような経験や体験を子どもに与えてあげることが大切です。これはもう、今さら言うまでもないことですね。

もし出かける時間や余裕がなかなかないのなら、映画やドラマやドキュメンタリーなどのテレビ番組やＤＶＤを子どもと一緒に見て感動する時間を持つのも良いでしょう。

悲しいドラマ、切ない映画を見て親が泣く姿、かわいそうなニュースを見て涙ぐむ姿。親のこういう姿を見せることで、子どもは、涙ぐんだり、感情を表すことを恥ずかしいと思わなくなります。

「男はかくあるべきだ」などと強がって、感情を押し殺すのは大間違いです。

お父さんだって感動して泣いてしまうこともあるし、かわいそうに思って涙すること もある。その姿をぜひ子どもに見せてあげてほしいと思います。

感情の出し方を知ることなしに、感情をコントロールする方法を身につけることはできません。最初から封《ふう》じ込めてしまえば、制御《せいぎょ》も何もあったものじゃありませんから。

バランス感覚と「やり過ごす力」

東洋思想には「中庸《ちゅうよう》」という考えがあります。

それは、野球のポジションでいえば外野のセンターのようなものです。

センターの選手は、ボールを待ち構える場所を、ライトやレフト、セカンドなど、周りの選手の状況によって決める。つまり、特定の場所を定位置とするのではなく、周りをよく見ながら自分の位置を決めているのです。

これこそ、バランス感覚ですよね。周りをよく見ることができる広い視野を持ち、そのうえで自分を客観的にチェックし、他者との的確な距離感を取る力。

これは「頭の良さ」を支える重要な要素のひとつです。

この力があると、やり過ごすことの必要性も見えてきます。やり過ごすといっても妥協ではありません。ストレスや恐怖心とうまく付き合うために、あえてそれをやり過ごすということです。

緊張してしまうとき、無理にあがらないようにするのではなく、あがり症の自分も含めて自分なのだ、とやり過ごす。真っ向から闘い、克服することも、もちろん大切なのですが、こうやってやり過ごすのもひとつの手なのです。

今は闘うときか、それともやり過ごすときか。それをバランスよく判断できる子は、ストレスや恐怖心、緊張を力にしていくことができる。バランス感覚を養うためには、そういった視点も教えていきたいものです。

生きる武器になる「頭の良い視点」とは

上のほうから全体を俯瞰《ふかん》するマクロの視点と、虫のように小さくなって一点を見るミクロの視点。この両方をズームイン&アウトしながら、何度もそれを繰り返すことができるのが柔軟な視点の必要条件です。

そして、意外と忘れがちなのですが、時にはピントをぼかして眺めることが人生において大事であるということ。あえてピントをぼかして輪郭だけを薄ぼんやりと見てみる。言葉を変えれば、細かいところは無視する、そういうスタンスです。

ピントをぼかすことが必要なのは、世の中には一筋縄ではいかないことがままあるからなんですね。人間関係なんてその最たるもの。細かな点にまでピントを合わせて気にしていたら、弊害《へいがい》が生じるだけでしょう。親子関係、夫婦関係においても、些細なことに気が付けば気が付くほどイライラしてしまい、かえって自分が苦しむことになります。目の前を直視しないという意味では、時間軸を過去・現在・未来と移動して考えてみることも重要ですね。

もっと先の時代から見たら、現在はどんなふうに見えるだろうか。10年後、20年後、50年後の世界はどうなっているのだろうか。

国家間の問題もそうですし、人間関係も同じです。今はけんかしていても、この先もずっと、少なくとも親子は一生親子です。親が離婚しようが何しようが、親子は親子の関係のまま切れることはありません。

時間がたてば仲良くなるかもしれないから、今はこのまま放っておこう。問題を一時棚《たな》上《あ》げして放っておくというのは、怠慢《たいまん》でも何でもなく、ひとつの有効な手段なのです。

外交問題でいえば、尖閣《せんかく》諸島の問題を一時棚上げするというのは、日中主脳の叡智《えいち》でした。日中国交回復当時の中国人と日本人では、この問題を解決することは難しい。でもこれが50年後、100年後ならば、全く新しい解決策が登場する可能性があるのではないかと考えたのです。

視点を未来に置くことによって、現在の問題の解決を将来に託《たく》すということは素晴らしい考えだと思います。

誰しも、交渉事や人間関係の問題を、時間が解決してくれたという経験があるのではないでしょうか。逆に、その場の問題解決にこだわったがために、問題がこじれてしまった経験も……。

冷却期間を過ぎると、人は「なんであんなにカッカきていたのだろう?」と冷静に考えられるようになったり、人間的に成熟することで相手を許せたりするものです。今は許せないけれど、1年後には許せるかもしれない。だから今は放っておこう。

そう考え、合理的、理性的に、問題を一時棚上げする訓練というのも、実はすごく大切なことであり、子どもに身につけさせたい「頭の良い視点」の持ち方だと思います。

終章　生きることは学び続けること

人間はいつまで成長するのか？

人間にとって成長とは何でしょうか。

それは「大人になる」ことであり、別の言い方をすれば、「自分を客観視できる」ようになることです。

あるいは世の中の複雑さを受け止められるようになったり、理不尽さを受容できるようになること。そして、それをプラスに変えていけるようになることでもあります。

さらに別の言い方をすれば、より他者の幸せに貢献することを願い、実際に貢献できるようになるのも、ひとつの要素なのかもしれません。自分のことで精いっぱいだったところから、少しずつ周りの人のことを考えられるようになっていくんですね。

さまざまな要素を取り入れ、成長していくのは子どもだけではありません。親も子どもを通して成長するものなのです。

子どもと一緒にいろいろな体験をしたり、考えたり、学んだりするにつれ、親自身も改めて自分を知ることになる。そして一緒に成長する機会を得られるというのはとても素晴らしいことだと思います。

新しいことに挑戦して学ぶために、タイミングや年齢は関係ありません。

人としての成長という意味では、いつ始めても遅いことはないし、むしろ年齢に関係なく常に成長し続けなくてはならないと私は考えています。

私も昔は、批判的なことを言われるとカチンときたり、理不尽な言動に対して頭にくることが結構ありました。ところが、次第に「この人も何か理由があってこういうことを言っているのだろう」と、相手の立場を理解できるようにもなってきたのです。

ひどいことを言われても、そう言われる自分にも何か理由があるのではないかと考えることで、カッとなっていた自分に気が付けるようになったんですね。そして、どのようにコントロールするかの試練として、それを捉えられるようにもなりました。

それまでは、嫌なことがあると3日ぐらいグズグズ考えたりしていたのですが、そう捉えられるようになると3時間ぐらいで怒りや悶々《もんもん》とした気持ちが収まるようになりました。それはやがて3分に短縮され、今では大体3秒あれば収まるようにまでなりました。

悔《くや》しい、と思っても、3秒後には何とか冷静になれる。おそらく瞬時に冷静になれて、悔しいとも思わなくなったら、それは悟《さと》りの境地というものなのでしょう。私はそこまでは至っていませんから、「まだまだだな」と考えながら成長していきたい。そうやって成長していくということが人間には必要なのだと思っています。

学歴を言い訳にする大人

「自分だってそれほど勉強はできなかったし、そこそこの人生でも仕方がない」と決めつける親御さんはいませんか。

それでは、自ら進んでご自身の可能性を限定してしまっているようなものです。かつての成績の良し悪しを言い訳にしているのは非常にもったいないことです。

再三述べてきたとおり、そもそもの「頭の良さ」とは、学校での成績や学歴という枠《わく》を超えた、もっと大きな概念であるわけです。自分は「成績が良くなかった」、だから「頭が良くない」と決めつける必要は全くありません。

人間には無限の可能性があるのですから、ある決意をした時点から、いつでも「頭の良い自分」をつくり上げていくことが可能なのです。

今この瞬間というのは、これからの自分にとって一番若い瞬間です。将来の自分からしてみれば一番若い状態なのですから、何事も遅すぎることなどありません。

思い立ったら、そのときから何か新しいことを学べばいい。資格取得もいいだろうし、語学学習でも趣味でもいいかもしれません。50の手習いのようなものを始めてみるのもいいでしょう。

私は50歳になってチェロを習い始めました。

ゼロから新しいことを学ぶと刺激になります。特に私のように普段から「先生、先生」などと持ち上げられるポジションにいる人間は、どうしても勘違いしてしまうことがあります。「先生と呼ばれるほどの馬鹿でなし」ということは一応自覚しているのですが、それでもこの法律の世界では「先生、先生」といわれ、自分の立ち位置を見失いがちになってしまいます。

そんなときに、何も知らない世界を学ぶというのはどういう気持ちなのか、教えられる側になるとどういう気持ちになるのかを確認しようと思ったんですね。

私は普段、塾生に「次回までに復習をちゃんとやってこいよ」「復習だけじゃなくて、予習もしてくるんだぞ」などと言っています。自分が生徒になれば、当然、その立場は逆になり、チェロの先生に「来週までにちゃんと練習してきてくださいね」と言われるようになります。

ところが、忙しくて練習の時間がなかなか取れないときも多いのです。練習できずにチェロの先生の前に立つ経験をすることで私は、宿題をやらないで先生の前に行く生徒の気持ちがよくわかりました。教えてもらう側に立つことによって、教えることの難しさが改めて理解できるようになったのです。

親子の関係性は一生続くもの

新しいことに挑戦するチャンスと同様に、子どもとの関係を見つめ直す機会は、いつの時点においても遅すぎるということがありません。

確かに小さな頃から少しずつ積み重ねていくことも重要ですが、仮にそれができていなかったとしても、決してあきらめないでください。

例えば、高校生の子どもを持った親御さんが、この本を手にしたことで、「もっと小さな頃からやっておけば良かった、もう取り戻せないよ」と、そこを悔しがるだけで終わらせないでほしいのです。

子どもはいつまでも成長するし、親子の関係というのは一生続きます。だから良好な関係性というのは、いつからでもつくり上げることができると思っていいのです。

程度や度合いは家庭によって違うでしょうし、お互いに理解し合えるまでの時間も違ってくるとは思います。それでも、いくつになっても親子の関係性はつくれるし、理解し合えるはずという確信は、常に持ち続けてください。

高校生になってしまったから、もう相手の考えていることは全くわからない。子どもが何の反応も示してくれない。挨拶もしてくれない。何を言っても「別に」と言って会話が続かない……。

そんなときに、親のほうががっかりして心を閉じてしまってはいけません。親はいつまでたっても自分の子どもを理解してあげようという気持ちを持っているはずです。

少しずつ話をしてみたり、それでもうまくいかなければ最初は親がひとりでテレビを見ながらブツブツ独り言を言うところから始めてみてください。

「変なことを言う親父だな」「お母さん、テレビを見ながら何やら言ってるな」と思わせるだけでも違うものです。

テレビに向かってひとりで突っ込みを入れながらニュースを見ていたら「お母さん、何言ってるの」「お父さん、そんなことを言っても仕方がないよ」というリアクションが返ってくるかもしれません。

親が何かを一生懸命やっているときに、どこかで「おまえは最近どうなんだよ？」と触れるタイミングが生まれるかもしれません。

だから決してあきらめないでください。

仮に今まで親子の関係性をうまく築《きず》くことができずにいたとしても、子どもは絶対に親と仲良くしたいと思っています。それは間違いありません。

親も成長している姿を子どもに見せる

子どもには、大人もいまだ成長過程にあるということを見せてあげてほしい。

親だからといって完璧ではない――それは決して言い訳ではなく、真実そのものです。完璧ではないから人間は一生学び続けなくてはいけない。親は自らの姿でそれを子どもに示すと同時に、「自分も成長過程なのだ」と開き直っていいのです。

子どもの頃は、大人が非常に大きな存在に見えたはずです。ところが実際に大人になってみるとそんなことはない。むしろ子どもの頃から何も変わってないとさえ感じます。

10代の頃には20代の人が大人に見えたし、20代の頃は30代ってすごいと思った。30代の頃は40代になればもっと人生が見えてくるのではないかと思っていたのに、自分が50代になってみて振り返ってみると何も変わってない、全く成長していない……。

中には、「こんな自分が大人になっていいのか？こんな未熟な人間なのに子どもを指導していいのか？」と悩む人もいるかもしれません。

しかし、前述したとおり、親といっても未熟なものなのです。それは人間である以上、当たり前のことなんですね。だからこそ、格好つけないで必要に応じて子どもに自分をさらけ出していけばいい。

そう考えることが、実は子どものためにも、自分のためにもなると私は思っています。

親も子どもも学ぶために存在する

「イクメン」という言葉が流行し、男性が積極的に育児に参加する風潮が出てきましたね。私はこの風潮を非常に良いことだと感じています。

育児とはすなわち「親の学び」です。

子どもを通して学ぶことはたくさんありますし、子どもの将来を考えることをきっかけにして、自分の将来を見つめ直すことにもなります。言うなれば、親が子どもから学ぶために、子どもが存在するのです。

これまでの時代の男性の中には、会社での昇進や年収のアップを人生の主軸に考えるあまり、「仕事の時間を削《けず》って子育てをしたら損をしてしまう、時間を無駄にしてしまう」と感じていた人が多かったかもしれません。

しかしそれは大きな間違いですよね。

長い人生のレンジで考えれば、子育てから学べることは山ほどあります。それがどれだけ有意義で幸せなことか。


子育ても教育も、人間の成長と同様、ゴールなどありません。

ゴールがないから、時として子どもの成長を実感するタイミングがつかみづらいこともあります。だから普段から密に、真剣に子どもとコミュニケーションをとることが必要なのです。

子どもの成長の証《あかし》は、普段の態度や会話から親が見つけ出していくしかありません。それは宝探しのようなものです。毎日の生活から、少しずつ宝を探していくのです。

時には成長の方向性が、親の予想と大きく異なることもあるでしょう。

しかし価値観や方向性は人それぞれなのですから、それは仕方がないことです。子どもが自分でしっかりものを考えた結果、その価値観を得、その方向に成長しているのならば、親は満足すべきでしょう。

自分でものを考えられる子に成長した――それで十分じゃありませんか。

自分の頭で考え、自分の足で立って生きていくことができるようになれば、それはもう上出来。教育においては大成功なのです。

自分で考えて、自分の視点を持って、自分の言葉で話し、人の話をしっかり聞けるようになること。これ以上の大きな成果はありません。

場合によっては、親子で価値観が違ってくることで、子どもが離れていってしまうこともあるでしょう。しかし、いずれはわかり合えたり、戻ってきてくれることもあるはずです。そういう意味では、親子の関係にもゴールはないと言えます。

親子の関係は、どちらかが死ぬまで一生続いていきます。

だから、子どもが大学生になろうと社会人になろうと、遅すぎることはありません。

いくつになっても子どもは親から学びますし、また親も子どもから学ぶことができるのです。その姿勢こそが、本当の意味で親子をつないでいくのでしょうし、そこから本当に良好な親子関係というのが生まれてくるのだと私は思います。

大人になってから自立した大人同士として、理解し合える仲間として、時に何かを相談してみたり、何かを受け止めてあげたり。生きているといろいろなことがありますから、そんな関係がうまく築けたらいいですよね。

本書で提案した「子どもの頭を良くする勉強法」が親子で共に学んで、より善く生きていくためのヒントになれればと願っています。

伊藤 真（いとう まこと）
1958年東京都生まれ。伊藤塾塾長。弁護士。81年東京大学法学部在学中に司法試験に合格。以後司法試験受験指導を開始。「合格後を考える」という独自の指導理念のもと、「伊藤メソッド」と呼ばれる革新的な勉強法を導入し、司法試験短期合格者の輩出数で全国トップクラスの実績を持つ。また「憲法の伝道師」として「一人一票」の実現に向けて精力的に活動を続けている。『夢をかなえる勉強法』『伊藤真の考え抜く力』『伊藤塾式 人生を変える勉強法』など著書多数。

ベスト新書 477

子どもの頭を良くする勉強法

14歳までに教えるべき「生きる術」

二〇一五年六月二十日 初版第一刷発行

著者◎伊藤 真

発行者◎栗原武夫
発行所◎KKベストセラーズ
東京都豊島区南大塚二丁目二九番七号 〒170-8457
電話 03-5976-9121(代表) 振替 00180-6-103083

装 幀◎坂川事務所
印刷所◎錦明印刷株式会社
製本所◎ナショナル製本協同組合
DTP◎株式会社三協美術

ISBN978-4-584-12477-2 C0237